U0938038

入境旅游流驱动与城市目的地响应耦合关系研究

董亚娟　著

国家旅游局旅游业青年专家培养计划（TYETP201451）
中国博士后科学基金项目（2015M582594）
联合资助

科学出版社
北京

内容简介

入境旅游是一个国家或地区创收外汇、解决劳动力就业的重要渠道，其发展状况是衡量这个国家或地区旅游经济发展的重要指标和依据。城市作为重要的旅游目的地形式之一，是现代旅游的支撑点，也是旅游流集聚扩散的空间载体。本书重点关注入境旅游流与城市目的地之间的驱动与响应关系，创新性地将需求侧的入境旅游流与供给侧的城市目的地置于一个平台，构建了相关基础理论体系，在此基础上探索了两个系统的综合发展水平以及它们之间的耦合协同关系，并将理论结合实践进行验证。

本书可供旅游管理或相关部门参考，也可供旅游或相关专业研究人员使用。

图书在版编目(CIP)数据

入境旅游流驱动与城市目的地响应耦合关系研究/董亚娟著. —北京：科学出版社，2017.6

ISBN 978-7-03-053073-8

Ⅰ.①入… Ⅱ.①董… Ⅲ.①旅游客源–研究–中国 Ⅳ.①F592.6

中国版本图书馆 CIP 数据核字（2017）第 125399 号

责任编辑：亢列梅 / 责任校对：刘亚琦
责任印制：张 伟 / 封面设计：陈 敬

科学出版社出版
北京东黄城根北街 16 号
邮政编码：100717
http://www.sciencep.com

北京厚诚则铭印刷科技有限公司 印刷

科学出版社发行 各地新华书店经销

*

2017 年 6 月第 一 版 开本：B5（720×1000）
2018 年 1 月第二次印刷 印张：9 3/4
字数：150 000

定价：80.00 元

（如有印装质量问题，我社负责调换）

前　言

旅游流是现代旅游学研究的重要问题之一，也是目的地发展旅游业的重要前提和基础。入境旅游是一个国家或地区创收外汇、解决劳动力就业的重要渠道，其发展状况是衡量这个国家或地区旅游经济发展的重要指标和依据，同时也是度量该国或地区旅游产业国际化水平和产业成熟度的重要标尺。目前，国内外关于入境旅游流的研究主要侧重于时空特征、集聚扩散规律等的分析，而立足目的地视角的入境旅游流和目的地之间关系的研究尚不多见。本书基于经济学供需视角，通过构建入境旅游流驱动和城市目的地响应系统模型，在宏观和微观层面上，结合统计数据量化模型和实地市场调研，对两个系统的耦合协调关系做出了深入、系统的分析。研究成果对于研究旅游空间结构、制订城市可持续旅游发展战略、优化旅游产业结构、促进入境旅游产品和服务升级等具有积极的理论和实践意义。

在国家旅游局旅游业青年专家培养计划“旅游流驱动与城市目的地响应及其关系研究（TYETP201451）”和中国博士后科学基金项目“区域旅游流域公路交通网络耦合协同发展研究（2015M582594）”的联合资助下，本书以统计资料数据和市场调查问卷数据为基础，以典型旅游城市——西安市为例，采用耦合协调度量化模型、相关分析、灰色关联分析和因子分析等多种定量方法，系统探讨入境旅游流驱动和城市目的地响应之间的耦合关系。在此基础上，通过实践调查进一步分析入境游客对目的地供求协调度的感知评价，对上述的量化分析结果进行实践验证。

本书的主要研究内容包括：①提出和构建入境旅游流驱动和城市目的地响应系统的相关概念及其模型，系统分析各自的影响因素和构成要素。在理论铺垫的基础上对西安入境旅游流驱动特征和城市目的地响应系统进行具体的实证分析和总结。②运用量化模型及数理分析方法，分析西安入境旅游流和城市目的地两个耦合系统在近年的耦合协调发展程度和变化情况，揭示它们之间的特征和规律。③在市场问卷调查数据的基础上，运用 SPSS 和 DPS 等统计软件，采用相关分析、因子分析和灰色关联分析等方法对西安入境游客的感知评价和旅游动机进行分析，探索它们之间的相互关联性，并对上述基于统计数据的量化模型分析结果进行阶段性实践验证。

在此，感谢我的博士生导师马耀峰教授，老师从写作思路和整体框架的把握方面给予了我无私的帮助和指导；感谢徐海成教授在本书出版过程中给予的帮助和支持；感谢我的研究生吴悠、田蓓、赵玉萍、王人龙等，在书稿的数据收集整理和校对方面的付出；感谢陕西省旅游局法规处的许彤处长在数据收集方面给予的帮助；感谢科学出版社对本书出版给予的支持！

限于作者的专业水平和研究经历，本书难免存在不足之处，请各位读者不吝赐教，谨致谢忱！

董亚娟

2016 年孟冬于西安

目　录

第 1 章　绪　　论

1.1　引　　言

1.1.1　我国入境旅游发展态势

入境旅游是一个国家或地区创收外汇、解决劳动力就业的重要渠道，其发展状况是衡量这个国家或地区旅游经济发展的重要指标和依据，同时也是度量该国或地区旅游产业国际化水平和产业成熟度的重要标尺。我国旅游经济长期以来遵循了一种超前型、推进型、跳跃式的非均衡发展战略。超前型发展战略是指旅游经济超越了国民经济总体发展阶段，该战略追求的不是本行业内在的经济效益，而是旅游经济的波及效益，即利用旅游经济高综合性、关联性的特点，通过对旅游业的高强度投入，全面带动国民经济相关行业的发展。推进型发展战略则是指以国际入境旅游的优先发展来推进国内旅游、进而国际出境旅游的全面发展。跳跃式发展战略则意味着中国旅游经济的发展要在较短的时间内完成常规发展的历程，并且在地域空间上呈现出分布不均衡的发展状况。在非均衡发展战略的指导下，我国旅游业发展始终坚持“大力发展入境旅游”的战略路线，入境旅游人次数和旅游外汇收入都保持了良好的增长态势，入境旅游也因此在我国旅游业发展历程中占据着重要地位。回顾历史，可以看出我国的入境旅游在过去的几十年取得了非常突出的成绩和进步。入境旅游人数从 1978 年的 180.92 万人次增加到 2015 年的 1.33 亿人次，增长 72.5 倍，年均增长 12.3%；旅游外汇收入从 1978 年的 2.63 亿美元增加到 2015 年的 1136.5 亿美元，增长 431 倍，年均增长 17.8%。尽管 2012～2014 年我国入境旅游市场增长有了小幅回落，但并没有影响总的增长趋势。2015 年，我国入境游客的人数在前几年略有波动的背景下达到 1.33 亿人次，入境旅游外汇收入 1136.5 亿美元。由此可见，迅速增长的入境旅游市场成为拉动我国旅游业发展的重要力量，入境旅游市场对于我国旅游业的持续健康发展具有非常重要的影响力。

1.1.2 城市目的地在我国入境旅游市场中的地位

城市是人类生存发展最重要的空间场所，是人口、经济、物质和文化的集中地，也是旅游者进行旅游活动的重要场所，集旅游活动客源地、集散地与目的地于一体。城市作为重要的旅游目的地形式之一，是现代旅游的支撑点（Page，1995），也是旅游流集聚扩散的空间载体。1995 年，国家旅游局将旅游工作与城市工作结合起来，提出了“优秀旅游城市”评价体系。2010 年我国拥有设市城市 657 座。截至 2012 年，共评选出 370 座优秀旅游城市，优秀旅游城市占全国城市总数的一半以上。可以说，我国超过一半的城市将旅游目的地定位为城市的功能之一，城市旅游在我国旅游业发展中的重要地位显而易见。从 20 世纪 70 年代末至今，我国的城市旅游也经历了漫长曲折的发展历程，在旅游经济的实践中不断成熟、演化，并逐渐形成自身的特点。我国城市数量众多、资源丰富、特色鲜明，作为旅游目的地而言具有相当大的吸引力。依据我国各年的旅游统计年鉴资料数据，我国主要城市接待的入境旅游人次数约占全国的 45%，旅游外汇收入约占全国旅游外汇收入的 80%。这些足以证明城市旅游在我国旅游市场的重要地位，也反映了城市作为旅游目的地的强大引力和潜在能量。同时，城市旅游在现阶段的城市经济中被赋予重大期望，在城市经济系统中起到了回笼货币、增加收入、创造就业、丰富人们生活、促进国际国内交流以及优化宏观经济结构与社会发展的作用。

从现阶段发展来看，入境旅游发展在不同城市呈现出显著的差异性。我国部分热点旅游城市在入境旅游接待和旅游外汇收入方面存在很大差异（表 1-1 和表 1-2），东西部城市之间表现特别突出。从表 1-1 和表 1-2 可以清楚地看出，东部和西部部分热点城市无论是入境游客待人数还是旅游外汇收入方面都存在较大的差距，并且这种差距随着时间的推移呈现出日益扩大的趋势。研究不同区域城市入境旅游和城市目的地之间的耦合关系，发现其规律性和发展趋势，找出问题所在就成为一个具有现实意义的研究领域。

表 1-1 部分热点旅游城市入境游客人数统计 （单位：万人次）

城市	2006 年	2008 年	2010 年	2012 年	2014 年
北京	390.29	379.04	490.07	500.86	427.45
大连	70.00	95.00	116.60	128.42	96.56
上海	464.63	526.47	733.72	651.23	639.92
南京	100.92	119.18	130.88	162.71	56.62
杭州	182.04	221.33	275.71	331.12	326.13
广州	564.23	612.48	814.79	786.60	783.30
深圳	700.14	869.57	1020.60	1206.45	1182.18
昆明	70.75	70.07	86.06	113.74	119.21
成都	57.97	47.20	73.20	158.19	197.80
西安	86.73	63.20	84.18	115.35	124.23

表 1-2 部分热点城市旅游外汇收入统计 （单位：亿美元）

城市	2006 年	2008 年	2010 年	2012 年	2014 年
北京	40.26	44.59	50.45	51.49	46.08
大连	4.65	6.58	8.04	8.73	4.60
上海	39.04	49.72	63.41	54.93	57.05
南京	6.71	8.72	9.81	13.62	5.53
杭州	9.09	12.96	16.90	22.02	23.18
广州	27.97	31.30	46.61	51.45	54.75
深圳	22.66	27.04	31.59	43.29	45.66
昆明	1.90	2.07	2.43	3.39	3.97
成都	2.02	1.54	2.72	6.29	7.40
西安	4.67	3.60	5.30	7.49	—

1.1.3 西安作为典型旅游城市的代表性

西安是我国西部入境旅游发展的核心城市之一，同时也占据了西北入境旅游的“龙头”城市地位。它地处我国的地理中心，是西北通往西南、中原、华东和华北的门户，是连接我国东西南北的重要交通枢纽，也是我国中西部四大经济区域——关天经济区、成渝经济区、中原经济区和武汉城市圈的联结者。2009 年国家发展和改革委员会颁布的《关中-天水经济区发展规划》中明确提出要把西安建设成为国际化大都市。这从根本上提升了西安在国家战略层面的城市定位，在今后的城市格局中西安将有望成为与北京、上海并列的中国第 3 个国际化大都市。国际化大都市建设涵盖三大指标：经济指标、社会事业发展指标和对外开放与交流的指标，其中第三个指标的实现要有足够的国外机构，足够的国际航线，600 万以上的入境游客（殷高峰，2011）。2013 年 9 月，习近平主席在哈萨克斯坦发表重要演讲，首次提出了加强政策沟通、道路联通、贸易畅通、货币流通、民心相通，共同建设“丝绸之路经济带”的战略倡议。国家建设“丝绸之路经济带”的宏伟目标，为西安这座千年古都实现复兴迎来了新的发展机遇。西安是古代丝绸之路的起点，作为连接“丝绸之路”国家的陇海兰新铁路沿线最大的西部中心城市，具有承东启西、连接南北的重要战略地位。2015 年 9 月，西安市政府发布了《西安建设丝绸之路经济带（新起点）战略规划》，确立了将西安“建设成为‘丝绸之路经济带’的核心区域”的战略定位。随着“丝绸之路经济带”建设的进一步推进，西安将承担更加艰巨的任务，也将迎来新的发展机遇。由此可见，西安入境旅游的发展与其国际化大都市的建设目标关系密切。基于此，本书以西安作为典型案例，针对城市入境旅游的发展和城市旅游资源赋存、区位特征、响应机制之间的联系，以及两个系统之间的耦合协调度特征等问题，探讨入境旅游流驱动和城市目的地响应两个系统内部及其之间的联系规律和特征。同时，作者在西安高校从事旅游管理教学和研究多年，前期的研究成果也主要集中于入境旅游和城市旅游方面。期望通过研究对西安的入境旅游发展提供一些理论借鉴和指导。

1.2 研究目的和意义

1.2.1 研究目的

旅游流是旅游客源地和目的地间相互作用的客流集散形式，并一直得到中外旅游地理学家的高度重视，涉及旅游流统计监测、时空结构、模型构建和预测，以及发生机制、空间演化等。旅游目的地城市作为旅游流重要的空间载体也引起中外学者越来越多的关注，旅游城市供需矛盾及其平衡、旅游形象、产业结构、发展模式、竞争力提升等研究成果丰富。Leiper主要从空间结构角度创建旅游者、旅游业、客源地、旅游通道和目的地五大要素的旅游系统模型（Gunn et al.，2002）。Gunn用供给和需求两个最基本要素相互匹配来构架旅游功能系统，指出供给与需求间的匹配关系是实现旅游系统功能的基础（Pearce，1995b）。旅游者集合成的旅游流与旅游目的地间的相互关系研究是反映旅游供需匹配关系的一个重要命题：旅游流是旅游需求的显性表现；城市的旅游接待能反映旅游供给状况；活动于目的地的旅游流可把客源地的旅游需求与目的地的旅游供给紧密融合显示于同一平台即城市旅游目的地。现阶段，国内外入境旅游流（需求）驱动与城市目的地（供给）响应两个系统之间的耦合研究比较少见。世界旅游组织2012年统计显示，2011年中国已成为世界第三大旅游目的地。研究我国入境旅游流与城市目的地之间存在的时空耦合关系、耦合协调规律等，揭示其内在关系和模式，是我国旅游地理学研究、入境旅游发展亟待探索的重要课题。

作者在参与完成国家自然科学基金项目“中国典型区域入境旅游流东-西递进空间演化机理研究”中发现，我国入境旅游流时空动态模式不仅在目的地城市间具有很强的规律性和梯度演化节律，而且与旅游目的地城市间存在着广泛而深入的互动影响，更表现出不同时序的协调耦合关系。在一定时期内，有些城市旅游接待不断转型升级、与时俱进，入境游客总体感知为满意；有些城市则迟钝滞后，游客满意度下降。本书旨在以旅游流与目的地的耦合关系为研究对象，在旅游经济学、旅游地理学、城市经济学、系统动力学等多学科理论指导下，从供需视角出发，以典型旅游城市西安为实证案例，依据实地调查数据和历年来政府权威统计调查资料，运用问卷调查、数量分析等研究方法，结合宏观和微观综合探讨入境旅游流驱动与城市旅游目的地响应的关系，探寻两个系统及其各子系统间的耦合协调度，为我国旅游城市入境旅游的发展及其规划提供可借鉴的理论依据和指导。

1.2.2 研究意义

旅游流是客源地和目的地之间相互作用的一种重要的表现形式。本书假设旅游流驱动和目的地城市响应两个系统及其内部存在着一定的规律性和耦合协调关系，并在旅游发展的不同时期呈现出不同的协调程度。

1）理论意义

现阶段，国内外旅游流驱动的研究主要侧重于内在驱动力的研究，很少涉及旅游流的外向驱动，尤其是在目的地的影响力研究方面。本书将入境旅游流驱动看做是城市目的地发展入境旅游的需求侧研究，目的地城市响应则被看做是旅游供给侧研究。从国内来看，入境旅游流的研究主要关注其内在驱动力、旅游流的空间集聚扩散以及空间场效应等方面，而以往目的地旅游供给侧的研究主要包括旅游资源的评价开发和规划设计、旅游目的地的建设、区域旅游经济发展、旅游业的经营管理等领域，但是系统全面地将两者结合起来研究的成果较少见，特别是城市目的地供给系统的研究成果更是很少。本书从供需视角出发，关注旅游流驱动和目的地响应系统的相关理论探讨，并以典型旅游城市西安为案例，结合实践揭示两者之间的互动关系及其耦合协调程度。本书研究内容有利于开拓旅游空间结构中旅游流-目的地关系的研究路径，进一步加强入境旅游流的研究深度。此外，入境旅游流驱动与城市目的地响应系统及其模型的构建对于充实旅游流研究的内容和范畴具有重要意义。

2）实践意义

改革开放30年来，我国入境旅游发展迅速，入境旅游人数从1978年的180.92万人次增加到2015年的13300万人次，增长了约72.5倍，旅游外汇收入从2.63亿美元增加到1136.5亿美元，增长约431倍，高出同期世界旅游同类指标10个百分点，其成长曲线呈现出曲折上升的态势。城市作为重要的旅游目的地形式之一，在我国入境旅游的发展中发挥了无法替代的作用。本书的成果对于城市规范入境旅游的管理，制定旅游业发展战略规划，确定海外目标市场，制定对外市场营销策略，确定城市目的地规划建设方向、规模、等级都是不可或缺的。对城市入境旅游流驱动的实证分析可以清晰地还原旅游流的影响规律，及时准确地了解入境旅游者需求的变化情况，有助于目的地旅游管理决策部门以及旅游企业制订合理的计划及调整，促进旅游目的地实现可持续发展。城市目的地响应的实证分析可以使决策者更加清楚地认识到城市作为旅游目的地的产业经济结构是否合理、是否能够最大限度地满足旅游者的需求、是否可以满足持续发展的要求等重要的现实问题。特别是在2009年国家发展和改革委员会颁布《关中-天水经济区发展规划》、2013年提出“一带一路”战略规划之后，西安作为规划区域的核心城市，积极响应政策，并先后出台了多项相关举措为把西安建成“国际化大都市”“世界一流旅游目的地”而努力。入境旅游发展作为其中重要的组成部分和评价指标显得尤为突出，本书的研究成果也因此具有了鲜明的实践意义。

1.3 研究现状

1.3.1 国外研究现状

伴随着20世纪60年代“大众旅游”（mass tourism）的兴起，国外学者开始了旅游地理空间结构的研究。近年来，旅游流的研究（主要是客流）已经成为旅游地理学研究的重点问题之一。国外学者中Oppermann（1992）对马来群岛区域内旅游流进行了较深入全面的实证分析，指出了区域内旅游流分布的不均衡性；Christine 等（1994）、Kulendran 等（1997）、Witt 等（2001）、Kim 等（2005）、Song 等（2006）学者分别选取了全球不同的地域进行了旅游流的预测研究；Pearce（1995a）对到欧洲的日本客流的情况作了深入细致的分析；Mitsutake（1998）对日本游客在中欧的流动模式和趋势进行了分析预测；Johnston（1997）对加拿大北极地区旅游客流及其法律控制措施作了探讨；Zhang等（2007）利用比较优势理论阐述了国际旅游流供给方面的诱因及其内在运动机制；Prideaux 等（1999）和 Prideaux（2005）研究了旅游流的双向不平衡结构及其影响因素。分析相关资料可以看出，国外对旅游流的研究呈现出从对其流向、流量、空间分布和模式分析等的研究，转向对其动因、机理、预测、演变、影响和相关性等领域研究的动态。

国外文献资料中城市旅游目的地的研究主要体现在城市旅游（urban tourism）研究领域。学者研究的重点也侧重于城市遗产资源的保护、城市旅游区的规划、城市旅游形象、市场营销以及城市作为旅游目的地的经济、社会、文化影响等（Edwards et al.，2008；Yeoh et al.，2001；Law，2000；Chang，1999；Murphy，1997；Chang et al.，1996；Berg et al.，1995；Rowe et al.，1994；Ashworth，1992）。旅游目的地竞争力研究始于Porter提出竞争优势理论（Pearce，1997），此后Ritchie等（2000）提出旅游目的地竞争力七因素模型；Enright等（2000）构建了一个综合旅游目的地竞争力模型；Pike（2009）进行了近距离目的地的品牌定位研究；Mullins（1991）首次提出“旅游城市化”概念及理论框架。国外城市旅游研究主要集中在供给与需求、旅游经济、旅游形象、社会和环境影响、规划与管理及目的地市场营销等（Edwards et al.，2008；Pearce，2007）。

20世纪80年代开始，国外学者开始关注旅游流与旅游目的地间的相关性问题。Mansfeld（1990）提出国际旅游流空间演化模式与“客源国”和“目的地国”之间的“政治、经济”因素存在关系；Lilly等（1991）提出了旅游流对旅游目的地自然、文化资源保护之间的相互影响；Montanari等（1995）探讨了旅游流与目的地城市实体以及文化环境间的问题；Kim等（2007）探讨了韩剧所传达的旅游目的地形象对日本国际旅游流的影响问题；Chewging（2010）研究了新加坡饭店客房出租率和国际入境旅游流之间的互动关系；Gal等（2010）研究了动态环境下的旅游发展和农业生产之间的耦合关系，试图揭示以色列农业和旅游业发展之间的关系状况。但是将旅游流驱动以及目的地城市响应结合起来的研究成果较为少见，可见，虽然国外对于旅游流研究比较深入和广泛，但其中关于入境旅游流和目的地，特别是与旅游城市这种典型的目的地之间耦合关系的研究尚不多见或处于萌芽状态。

对国外文献综述总结发现，旅游流与旅游目的地关系研究发端于国外，并从一定角度对两者间的关系进行了探索。但总体上对两者主体的分离型研究较多，对两者关系的融合型研究较少，该类研究呈支离零散状态。近年来虽未明确提出研究旅游流与目的地间时空耦合关系的主题，但融合探索的视角却一直贯穿于其研究脉络中，且发展趋势明显。随着国际旅游的不断发展与壮大，旅游流与旅游目的地城市间的深层关联性渐为凸显，旅游流驱动与目的地响应的耦合关系也日渐被重视，针对该问题的系统、深层次探索将会成为一个科学问题，并且越来越受到关注。

1.3.2 国内研究现状

在国内，主要的旅游流研究成果发端于20世纪80年代。陈建昌等（1988）通过对旅游者行为特征的研究分析总结归纳出大、中、小三个尺度的旅游者空间流动模式。张凌云（1988）运用普洛格理论研究了旅游流的空间分布规律，并尝试构建旅游流空间分布模型。吴必虎（1994）运用游憩活动空间和曲线分析技术，研究上海城市游憩者的流动规律。张红（2000）根据北京、上海、广州、西安、桂林和昆明等旅游热点城市入境游客的问卷抽样调查资料，对入境旅游流的空间分布形态、区域分布特征和流向、流量特征等进行了研究。马耀峰等（2001）以国内旅游热点城市为例，运用实地调研资料，采用地理空间分析的方法系统研究了旅华境外游客的时空动态模式。牛亚菲等（2005）分析了北京市旅游客流的时空变化特征、典型景区的客流变化规律与动因，旅游需求与供给的空间整合，并提出了科学调控区域旅游流的合理举措。章锦河等（2005）把空间场理论引入旅游流研究中，并对中国国内旅游流的空间场效应进行了量化分析。汪宇明（2008）以上海与长江流域各省区间的旅游流集散为研究对象，实证研究了长江流域各省区之间的旅游流互动现象和规律，并尝试探索旅游流的流动机理。保继刚等（2002）研究提出旅游流空间结构演变的空间分散、吸引半径加大、波浪式推进和跳跃式增长等特性。黄震方等（2008）以盐城麋鹿生态旅游区为例，分析了生态旅游区旅游流的时空演变与特征。陆林（2002）利用数年国内旅游客流月份分布数据，以三亚、北海、普陀山、黄山和九华山为例，研究了海滨型与山岳型旅游目的地客流的季节性变化规律。张捷等（1999）以不同景区为例探讨了观光旅游地客流时间分布特征。卞显红等（2007b）构建了长三角城市的入境旅游者对该区域其他城市旅游目的地选择的模糊综合评判矩阵，并运用该矩阵对长江三角洲区域内入境旅游流的城市间流动现象做了系统的对比分析和研究。刘法建等（2010）从旅游流的内在联系特性入手，分析了入境旅游流网络分析的可行性和必要性，并采用基本特征描述等多种分析方法对中国入境旅游流网络展开研究，运用 QAP 分析模型对旅游者流动矩阵和各省市旅游供给要素差值矩阵进行相关分析和回归分析。薛莹（2006）提出了旅游流的区域内聚规律，并根据系统的自组织与组织原理研究在旅游流的区域自组织演化中所形成的旅游中心城市及其旅游空间组织。钟士恩等（2010）通过文献分析法，梳理了旅游流空间模式基本理论，并基于此对旅游流研究中容易混淆的内在问题展开深入探讨。

国内早期城市旅游目的地的研究成果较少，研究内容也相对分散且受多重因素限制。20 世纪 90 年代，学术界对城市的旅游目的地特性研究是否有必要存在还颇有争议，可以说旅游研究领域的学者忽视城市旅游的发生，而城市研究学者也不重视旅游。直到 20 世纪初期，才有为数不多的学者开始关注该领域的研究。保继刚等（2004a）对改革开放以来中国城市旅游目的地的发展演变进行了研究，从总量、个案、时空等角度探讨了中国城市旅游目的地的变化规律，得出其地理集中指数变化趋缓的结论，并从城市旅游驱动力变化、城市功能和地位变化、城市旅游目的地竞争等方面进行地位变化的因素分析。分析发现，城市旅游研究主要集中于形象设计、定位和推广，旅游开发、规划与建设，发展模式，旅游结构与系统分析等。李东和等（2009）研究得出国内以城市旅游地的空间分异和空间结构研究最多。陆林等（2006）在对国内外旅游城市化研究进行梳理的基础上分析了旅游城市化的概念、类型、特征及其影响。近年来，城市旅游营销、城市目的地旅游形象建设、城市游客行为、城市旅游目的地意象等逐渐成为学术界所关注的研究内容。

随着研究的不断深入，国内开始关注旅游流与旅游目的地间的相互影响机制。李本振等（2009）探讨了第三方评价机制与旅游循环经济的良性耦合关系；生延超等（2009）构建了旅游业与区域经济发展耦合协调度模型；尹贻梅等（2009）研究了旅游业与创意产业的耦合发展；刘宏盈等（2008）分析了入境旅游流空间转移态与旅游经济联系强度的耦合度；杨春宇等（2007）讨论了旅游地系统演化的耦合机制；高佩佩等（2010）对中国旅游饭店供需系统耦合协调度进行了研究。

国内旅游流研究主要围绕热点区域展开，重点探索国内和国际客流在省（市）及景区内部、周边之间的时空演变规律。研究方法上，基于旅游统计资料研究的较多，统计资料和实践调查相结合的研究较少；单要素研究较多，系统、综合的多要素研究较少。研究内容上，旅游客流研究较多，由旅游客流所带动和影响的物质流、信息流、文化流的研究较少。城市目的地研究处于初级阶段，研究成果不多，且较为分散。两者关系方面，旅游流与城市单要素关系研究较多，旅游流与旅游目的地关系研究较少，旅游流驱动所引发的旅游目的地响应机制及其消阻融合或互动耦合关系研究尚不多见。

国内外研究中关于旅游流的研究成果较多，研究内容的广度和深度不断加强。国外研究总体呈现出从对其流向、流量、空间分布和模式分析等的研究，转向对其动因、机理、预测、演变、影响和相关性等领域研究的动态。国内学者擅长运用多学科的研究方法对旅游流作为一个矢量的运动模式、规律、特征及影响因素进行深入探讨，且十分重视从时空角度对旅游流进行研究，研究成果侧重于对旅游流规律特征的深度挖掘，近年来对旅游流的变化特征归纳概括和旅游流的未来发展预测也有了一定的认识。总体而言，国内外研究中有关旅游流的要素理论研究进展较大，综合的理论与实证结合研究较弱。对城市目的地的研究，国外成果相对较多，研究内容主要集中在城市目的地产品的供给与需求、城市旅游经济发展、城市旅游形象、旅游对城市目的地经济社会和环境的影响、城市规划与管理以及目的地市场营销等方面。国内在该领域的研究成果相对不多，研究内容也比较分散。客源地与目的地关系研究在国内外均有一定的进展，但相关成果并不多见，可以说旅游流与目的地关系的研究较弱，而对旅游流、城市旅游目的地单要素分离研究进展更大，两者结合的理论与实证研究较弱，因此本书试图在此领域进行两者耦合关系的探索性研究。

1.4 研究内容、方法和思路

1.4.1 研究内容

基于经济学的供需视角，在构建入境旅游流驱动和城市目的地响应系统及其模型的基础上，运用数量分析和实践验证等方法研究入境旅游流驱动和城市目的地响应的耦合关系问题。

1）相关理论总结

主要是本书第 2 章的内容。第 2 章整理分析了入境旅游流驱动和城市目的地响应的相关理论。在入境旅游流驱动相关理论中重点总结了旅游需求、旅游动机、空间相互作用理论和竞争优势理论。旅游目的地响应的理论基础主要包括旅游供给理论、旅游供给链、城市旅游地生命周期理论和城市可持续发展理论等，在此基础上回顾了旅游供求均衡理论。入境旅游流驱动的核心是旅游需求侧研究，而城市目的地响应的核心是旅游目的地供给侧研究。作者在大量文献收集整理的基础上对研究所涉及的相关理论做了梳理和总结。

2）入境旅游流驱动和城市目的地响应系统模型构建

主要是本书第 3 章和第 4 章的内容。第 3 章首先分析了入境旅游流及其影响因素，构建了入境旅游流驱动系统的概念模型，在理论铺垫的基础上对西安入境旅游流的驱动要素特征加以分析和总结。第 4 章在界定相关概念的基础上，分析了影响城市目的地响应的因素，并构建了多个利益相关者共同参与的城市目的地响应系统及其概念模型，在一定程度上弥补了现阶段旅游研究者对于城市目的地供给系统研究的忽视与不足。

3）入境旅游流驱动和城市目的地响应之间耦合关系分析

主要是本书第 5 章和第 6 章的内容，也是研究重点。第 5 章首先依据一定的原则，确定了入境旅游流驱动和城市目的地响应两个耦合系统的具体指标。在此基础上运用耦合协调度函数及其模型，以西安为例分析了两个耦合系统之间在近十年期间的耦合协调发展程度，并揭示了它们之间的特征和规律，对研究结果进行了原因剖析和总结，对于西安入境旅游的发展会起到一定的理论借鉴作用。第6章建立在实地调查基础上，通过针对入境旅游者的市场问卷调查，获得了大量的一手数据，在此基础上运用SPSS和DPS等统计软件，采用相关分析、因子分析、灰色关联分析等方法，对西安入境旅游者的感知评价和旅游动机进行分析，发现它们之间的相互关联性。最重要的是对上述宏观层面、基于统计数据的量化模型分析结果加以实践验证。

4）西安发展入境旅游的思考与启示

主要是本书第7章的内容。在供需视角下入境旅游流驱动和城市目的地响应特征分析的基础上，结合数理分析研究结论，对西安今后的入境旅游发展做出理性的思考，提供一些思路，期待理论和实践能够相互促进、相得益彰。

1.4.2　研究方法

1）文献研究法

文献研究法主要指搜集、鉴别、整理文献，并通过对文献的研究，形成对事实科学认识的方法。本书的文献资料主要来源于长安大学图书馆、陕西省图书馆以及互联网。其中，外文文献主要来自于Elsevier Science Direct电子期刊数据库、EBSCO全文数据库、UMI美国博硕士论文全文数据库、Google Scholar搜索引擎等；中文文献主要来自国内相关学术著作、中国知网数据库、万方数据库、中国人民大学复印报刊资料全文数据库、超星数字图书馆和阿帕比电子图书馆等。此外，还通过地方旅游行政管理部门开设的官方网站、新闻网和地方报刊媒体网站、公开出版的书籍杂志资料、地方管理部门主编的统计资料、行业报告和规划文本等搜集有关资料。通过大量中外文献资料的收集，进一步加深了对研究问题的全面认识，更多地了解了国内外在相关领域的已有研究成果，为本书的完成打下了坚实的理论基础。

2）市场调查法

市场调查法是社会科学研究中一种普遍应用的方法，它是在科学方法论和教育理论的指导下，通过运用调查问卷、深度访谈、测量等科学方式，有目的、有计划地搜集有关研究问题或研究现状的资料，从而获得关于被调查对象的科学事实，形成关于调查对象的科学认识的一种研究方法。市场调查法按照其收集资料的具体方式和依据工具的不同而分为访问调查法、调查表法、问卷调查法、观察法和测量法等。本书主要采用了问卷调查、深度访谈和专家调查表等几种形式，其中问卷调查针对入境游客进行随机抽样调查，2009～2012 年先后共发放英文问卷 1100 份，回收 998 份，有效回收率为 90.7%；深度访谈主要针对相关研究问题选择部分入境游客以及西安旅游从业人员进行有目的的询问；专家调查表针对问题通过电子邮件和信函方式选择行业领域内的专家进行咨询。通过市场调查获得了大量一手数据资料。

3）定性分析和定量分析相结合的研究方法

定性分析就是探索和确定事物的本质特征，对研究对象进行“质”的分析。具体地说是运用归纳和演绎、分析与综合以及抽象与概括等方法，对获得的各种材料进行思维加工，从而去伪存真、由此及彼、由表及里，达到认识事物本质、揭示内在规律的目的。定量分析是依据统计数据，建立数学模型，并用数学模型计算出分析对象的各项指标及其数值的一种方法。定性分析与定量分析是统一且相互补充的，定性分析是定量分析的基本前提，没有定性的定量是一种盲目的、毫无价值的定量，没有定量的定性分析则显得空洞而缺乏依据。事实上，现代定性分析方法同样要采用数学工具进行计算，而定量分析则必须建立在定性预测基础上。二者相辅相成，定性是定量的依据，定量是定性的具体化，二者结合起来灵活运用才能取得最佳效果。本书采用定性和定量两种研究方法相结合，力求使得研究结果更加科学、务实。

4）个案研究法

个案研究法是指对某一个体、群体或某一组织在较长时间里连续进行调查，从而研究其行为发展变化的全过程，这种研究方法也称为案例研究法。作者在前期参与国家自然科学基金项目“中国典型区域入境旅游流东-西递进空间演化机理研究”的基础上，收集整理了西安入境旅游的很多资料。结合多年在西安从事旅游教育和研究的经历，选择了自己熟悉的典型旅游城市——西安作为个案展开研究。力图通过分析西安近年来入境旅游流驱动和城市目的地响应系统之间的耦合协调关系，揭示和发现城市入境旅游发展中存在的问题，并在此基础上提出一些有意义的思考和探索。

1.4.3 研究思路

依据“研究背景（分析）—基础工作（准备）—理论构建—实证研究—结论展望”的工作顺序，以西安市为例，由表及里、由浅入深，由理论到实践地分析了入境旅游流驱动和城市目的地响应的耦合协调关系，在此基础上结合入境游客对目的地城市的感知评价进行实践验证。

在现阶段我国城市入境旅游发展的宏观背景下总结和整理了入境旅游流驱动和城市目的地响应的有关理论，构建了概念模型。利用官方权威统计资料和一手市场调研数据，从理论和实证两个方面分析西安城市入境旅游流驱动系统和城市目的地响应系统之间的协调程度，并从游客的感知评价角度加以实践验证。最后针对发展现状提出了西安发展入境旅游的一些思考和建议。

第 2 章　理论基础和相关研究成果

2.1　入境旅游流驱动的理论基础

2.1.1　旅游需求理论

经济学中的需求理论是研究旅游者流动行为的理论基础。需求理论及其相关内容主要包括需求内涵、需求函数、需求规律、需求弹性和效用最大化理论。从客观上看，旅游需求是社会生产力水平不断提高、科学技术不断进步和社会经济不断发展的必然产物。旅游消费需求是人类的生活方式在消费领域的变革，人们可自由支配收入、余暇时间的增多和现代交通工具的出现是旅游需求产生的基本条件。旅游者的需求同其他消费者的需求一样，会受到需求规律和需求弹性，包括需求价格弹性、需求收入弹性和需求交叉弹性的影响，并表现出一定的规律性。在既定条件的约束下，旅游消费者同样会追求效用最大化原则，追求最大的消费者剩余。

1）*旅游需求及其内涵*

经济学中用需求的概念来说明消费者在给定价格下选择购买一种商品或者服务的数量，旅游需求及其内涵是建立在经济学的需求基础之上的。一般认为，旅游需求就是指旅游者在价格既定的条件下，具有一定支付能力和余暇时间，并且愿意购买的旅游产品的数量。旅游需求的产生受到客、主观条件的影响，客观条件包括可自由支配收入、余暇时间和现代化交通工具；主观条件涉及旅游者的需要、动机和选择。谢彦君（2004）把非旅游产品价格纳入旅游者需求函数的表达。

$$D_t = f(p_t, p_1, \cdots, p_n, Y, T, L) \tag{2-1}$$

式中，D_t 代表一定时期的旅游需求；p_t 代表该时期的旅游产品 t 的价格；$p_1, \cdots, p_n$ 代表其他物品的价格；Y 代表个人收入；T 代表个人偏好；L 代表余暇时间。

英国旅游学家 Bull（1995）构建了如下函数来表达旅游需求以及限

制条件：

$$\mathrm{Max}\,U_i = U_i(Z_j) \tag{2-2}$$

$$Z = g(X_k)$$

$$Y \geqslant PX\text{；}\ V \geqslant TX\ \ (X \geqslant 0, Z \geqslant 0)$$

式中，U_i 代表 i 旅游者的效用；Z_j（$j=1,2,\cdots,m$）代表旅游活动特征的数量；X_k（$k=1,2,\cdots,n$）代表引起旅游活动特征的属性因素；Y 代表可自由支配的收入；V 代表余暇时间；T 代表旅游所需要的时间。

在经济学中，需求规律是指在其他条件不变的情况下，人们对某一商品的需求随着该商品价格的变动成反方向变化，即需求量随着商品价格的上升而减少，随商品价格的下降而增加。旅游需求规律就是指在其他因素不变的情况下，旅游需求与人们可自由支配的收入和余暇时间呈同方向变化，而与旅游产品的价格呈反方向变化。这一需求规律之所以成立，主要在于旅游产品和其他类型产品与服务之间存在替代关系，旅游者的收入预算对旅游需求存在制约。

2）*旅游需求弹性*

在经济学中，弹性主要用来表明两个经济变量之间的关系。所谓弹性，是指作为因变量的经济变量 Y 的相对变化对于作为自变量的经济变量 X 的相对变化的反应程度。用公式表示为

$$E = \frac{Y_2 - Y_1}{Y_1} \bigg/ \frac{X_2 - X_1}{X_1} \tag{2-3}$$

式中，E 代表弹性；Y_1、Y_2 分别代表变化前后的因变量；X_1、X_2 分别代表变化前后的自变量。

影响旅游需求的因素主要可以归结为价格和收入，旅游需求弹性则表现为旅游需求的价格弹性和旅游需求的收入弹性。旅游需求的价格弹性反映了旅游需求对于旅游产品价格变化的敏感程度。其大小可以用弹性系数 E_p 表示，根据旅游需求规律，旅游需求的价格弹性系数始终是负值，通常会取其绝对值来说明问题。

$$E_\mathrm{p} = \frac{Q_2 - Q_1}{Q_1} \bigg/ \frac{P_2 - P_1}{P_1} \quad \text{点弹性} \tag{2-4}$$

或 $$E_{\mathrm{p}} = \frac{Q_2 - Q_1}{(Q_2 + Q_1)/2} \bigg/ \frac{P_2 - P_1}{(P_2 + P_1)/2} \quad \text{弧弹性} \qquad (2\text{-}5)$$

式中，E_{p}代表旅游需求价格弹性；Q_1、Q_2代表变化前、后的旅游需求量；P_1、P_2代表变化前、后的旅游产品价格。

旅游需求收入弹性反映了旅游产品需求量与人们可自由支配收入之间的变化关系。该弹性大小可以用旅游需求收入弹性系数表示：

$$E_i = \frac{Q_2 - Q_1}{Q_1} \bigg/ \frac{I_2 - I_1}{I_1} \qquad (2\text{-}6)$$

式中，E_i代表旅游需求收入弹性系数；Q_1、Q_2代表变化前后的旅游需求量；I_1、I_2代表变化前后的可自由支配收入。旅游需求收入弹性一般比较大，据有关组织研究表明，旅游需求收入弹性系数一般在 1.3～2.5，有的国家甚至为 3.0 以上（崔晓文，2009）。

3）旅游消费者需求的效用最大化

偏好和收入的相互作用导致人们作出消费选择，而效用则是人们从这种选择中获得的愉悦，或者是需要的满足。英国的威廉姆 •斯坦利 •杰文斯、奥地利的卡尔 • 门格尔和法国的里昂 • 瓦尔拉斯等 19 世纪的经济学家认为，效用可以用基数衡量，这意味着两种不同的计量结果有它的数量意义。与此相反，希克斯和艾伦等 20 世纪的多数经济学家则认为，效用可以用序数来量度，就是说一个消费者只能按照他所得到的满足程度的高低来排列各种不同的产品组合。显然，序数度量效用要比基数度量效用的假定受到的限制少。经济学家对消费偏好或选择有三个基本假设：第一假设是效用可以比较；第二假设是效用可以传递；第三假设是消费者始终认为多比少好，即假定消费者总是愿意多要而不是少要某种物品。经济学认为，人们面临多种可能的选择时，他们将选择产生最大效用的一种，并用无差异曲线和预算约束线来表示效用最大化的过程，这个原理同样适用于旅游需求。

4）兰卡斯特需求理论

与传统的需求理论不同，经济学家兰卡斯特（Lancaster）提出了产品属性理论，认为每个产品都有自己的属性特征，消费者的效用起源于产品的属性。Lancaster 理论应用于旅游是指旅游者对不同属性（吸引物、设施和旅行距离等）的旅游目的地的选择，旅游者选择某一地点去游览与否取决于他们感受的效用。近年来该理论逐渐应用于旅游学研究，现在常见的旅游目的地选择理论是兰卡斯特理论在旅游研究中的拓展。兰卡斯特产品属性理论充实了消费者需求理论的内容，其核心强调旅游者属性和旅游目的地属性对旅游者选择的重要性。

现阶段，国内外学者对旅游需求的研究主要集中于三个方面：一是对旅游需求概念及其模型的构建；二是对影响旅游需求的因素进行分析和归纳；三是注重旅游需求的预测研究。从研究内容来看，我国对旅游需求的研究主要集中于旅游需求影响因素和调查方面，近年来在旅游需求的预测方法领域也出现了很多研究成果；相比而言，国外研究更注重对旅游需求预测及其模型的探讨与应用。从研究方法来看，国外偏重于定量研究方法的使用和探索，同时注重定量与定性方法相结合；国内也已开始注重旅游需求的定量分析，经验性的研究正逐渐减少。从研究视角来看，国内外学者主要从经济学的角度对旅游需求进行研究，其他视角很少见，如地理空间、伦理学的角度。从研究结果来看，国内侧重于某一消费群体或者区域的典型研究，其研究成果缺乏普适性；国外研究则出现由单一向综合性转化的趋势，更注重研究成果的实际应用价值（欧阳润平等，2007）。

2.1.2　旅游动机理论及其模型

基于心理学、行为学等学科的旅游动机研究是国外旅游研究的一个非常重要的基础领域。从心理学上解释，旅游动机是行为者个体内在心理因素（需要、欲望和需求）所产生的一系列心理紧张和失衡的状态，这种内在需求及其心理失衡会使人们采取行动，通过这种满足需求的行动使个体恢复平衡状态。比较有影响的旅游动机理论及其模型主要包括以下几个方面。

1）马斯洛的需要层次理论

马斯洛需要层次理论（Maslow's hierarchy of needs），亦称基本需求层次理论，是行为科学的理论之一，由美国比较心理学家和社会心理学家亚伯拉罕·马斯洛于 1943 年在《人类激励理论》一书中提出，该理论及其模型被认为是最知名的、最为广泛接受的关于旅游、休闲动机的认知理论（Crompton，1979）。需要层次理论将人的需要由低到高划分为五个层次，并分别提出激励措施。其中底部的四种需要（生理需要、安全需要、社交需要、尊重需要）可称为缺乏型需要，只有满足了这些需要，个体才能感到基本上舒适；顶部的需要（自我实现）可称之为成长型需要。该理论认为，只有当低层次的需要得到满足后，高层次的需要才能到来。但任何一种需要并不因为下一个高层次需要的出现而消失，只是高层次需要产生后，低层次需要相对行为影响变小而已，各层次的需要呈相互依赖与重叠的关系（图 2-1）（刘纯，2004）。

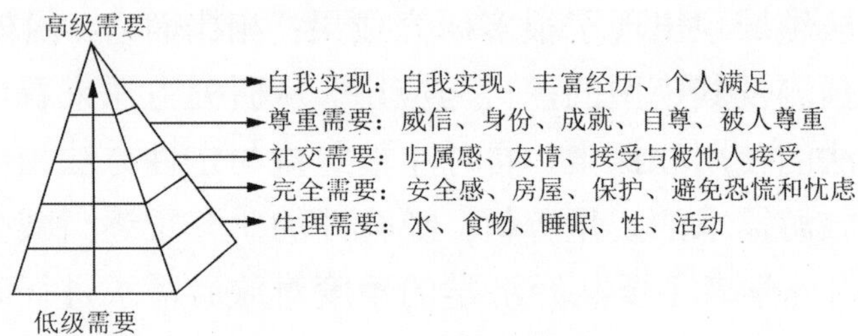

图 2-1 马斯洛的需要层次理论（陈德广，2007）

2）雷文斯坦-博格的推拉理论和 Iso-Ahola 模型

推拉理论（push and pull theory）的产生可以追溯到 19 世纪末雷文斯坦（Ravenstein）对人口转移的研究。他对人口的转移进行了具有开创意义的研究，其所阐述的观点被认为是人口转移推拉理论的渊源。20 世纪 50 年代末，博格（Bogue）明确提出了系统的人口转移推拉理论，强调从运动学的观点理解人口转移。该理论认为，人口转移是两个不同方向的力相互作用的结果，一个是促使人口转移的力量，即有利于人口转移的正面积极因素；另一个是阻碍人口转移的力量，即不利于人口转移的负面消极因素。推拉理论成为此后研究流动人口和移民的重要理论之一。在市场经济和人口自由流动的情况下，人口迁移和移民搬迁的原因是人们可以通过搬迁改善生活条件。于是，在流入地那些使移民生活条件改善的因素就成为拉力，而流出地那些不利的社会经济条件就成为推力，人口迁移就是在这两种力量的共同作用下完成的。以往的研究也提出，流出地和流入地各自都有推和拉两种因素，即流出地和流入地同时具有吸引和排斥两方面的作用力。此外，在流入地和流出地之间还有中间障碍因素，如流入地与流出地之间的文化差异也会对流动产生影响（沈振烨，2007）。

推拉理论应用于旅游研究开始于英国学者戴恩（Dann）。他于 1977 年和 1981 年分别在《旅游研究年刊》杂志上发表论文，较为系统地提出了关于旅游活动的“推-拉”动机模型（Dann et al.，1977）。戴恩认为，“推”的因素是指由于不平衡或紧张引起的动机因素或需求，它促使旅游愿望的产生。“推”的因素是内在的，只要能使内部的不平衡或紧张得到缓解的所有刺激都是行为指向的对象，因而行为具有非选择性，即影响旅游者做出是否出游的决策的因素。“拉”的因素与特征吸引物和目的地自身属性相联系，由旅游者对目标属性的认识所产生，影响目的地的选择。在此基础上，美国学者克罗姆顿（Crompton）于 1979 年在《旅游研究年刊》上发表一篇题为“度假旅游的动机”的论文，文中也提出了他的旅游“推-拉”动机模型，该模型的提出主要用于解释旅游者动机的形成和旅游地选择的重要影响因素。此后，美国弗吉尼亚工学院和弗吉尼亚大学旅游接待和管理学院 Muzaffer Uysal 教授等在其论文中对“推力”因素和“拉力”因素赋予了明确的含义，即所谓“推力”因素是指存在于旅游者个体内心深处无形的、内在的旅游需求，是其为了摆脱日常环境、生活和困扰而选择离开居住地到目的地去旅游的内在作用力，具体可以解释为逃避和摆脱、休息和放松、冒险、健康和声望的内在需要；“拉力”因素是指某一特定旅游目的地和各种旅游吸引物（如阳光、海滩、放松的生活节奏、良好的休闲和接待设施、文化与历史资源等）对旅游者产生吸引，促使其离开居住地到目的地旅游的作用力。

在国外，学者 Goossens 于 2000 年提出享乐旅游动机模型，又称为倾向-刺激-反应模型（图 2-2）。模型的左边表示“推”的因素，即旅游者的需求和动机，如逃脱日常环境、地位、放松、增进友谊等；模型右边表示拉的因素，即旅游者面对的情境变量。涉入（involvement）水平以重要性、愉快价值、风险的可能性等的感知为特征，是指某时间点的动机、唤醒或兴趣的心理状态，在推拉因素的结合上起纽带作用。此过程中旅游者对相关信息进行认知和处理，引起快乐的反应如心理影像和情绪，从而导致动机的产生。

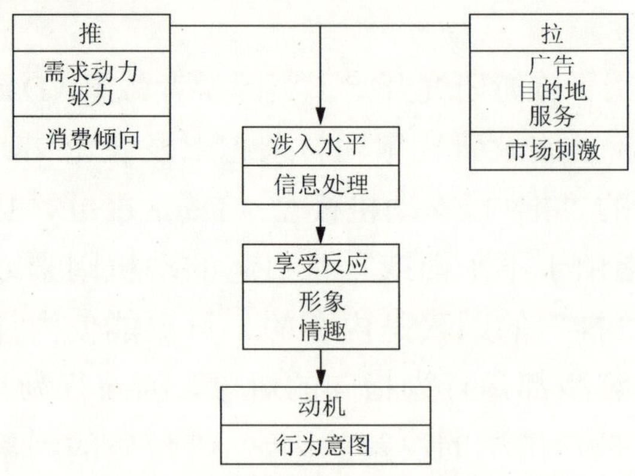

图 2-2　享乐旅游动机模型

在国内，沈振烨（2007）构建了基于“推-拉”理论的目的地选择模型（图 2-3）。该模型把“推力”因素概括为人们出游的动机，而“拉力”因素包括认知形象、情感形象及最终形成的目的地总体印象。值得注意的是信息来源和人口统计因素虽未被列入两类因素之中，但发挥着很大的间接作用，是必须认真考虑的因素。在国内外旅游研究领域，“推-拉”模型作为一种研究游客动机和出游行为关系的有效途径被广泛应用（滕霞何等，2006；张宏梅等，2005；Klenosky，2002；Iso-Ahola，1989）。

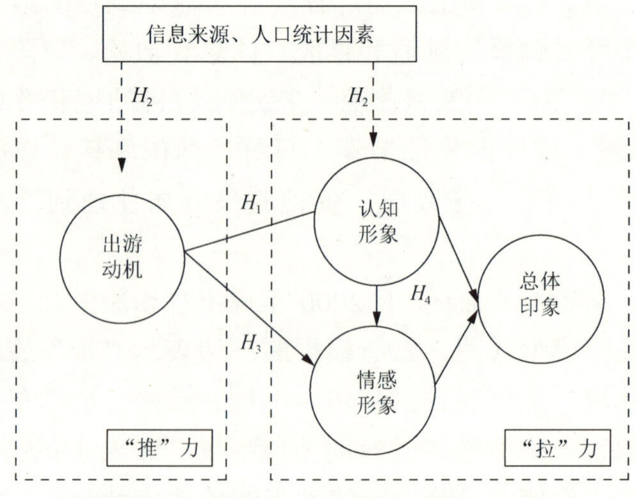

图 2-3　基于“推-拉”理论的目的地选择模型

Iso-Ahola 的旅游驱动力社会心理模型和上述的推拉理论内涵比较相似。艾泽欧-阿荷拉（Iso-Ahola）于 1982 年在《旅游研究年刊》（*Annals of Tourism Research*）上发表一篇题为“旅游驱动力的社会心理学理论：一种新的综合”的文章，提出了一个更为理论化的模式。在这个理论模型中，艾泽欧-阿荷拉用“逃逸”因子和“逐求”因子来解释人们的旅游动机。逃逸因子（escaping element）是指旅游者为了摆脱其所处的个人环境（个人遇到的紧张、麻烦、问题、困难和挫折）或者是人际环境（家庭成员、合作者、朋友和邻里）的心理需求。逐求因子（seeking element）是指旅游者想通过旅游活动获得心理回报的一种心理诉求。这种心理回报包括个人回报（即休息、放松、生理和精神享受、自我恢复与提高等）和人际回报（即扩大社会交往、获得声誉和他人尊重、提高地位等）。按照艾泽欧-阿荷拉的解释，人们旅游的动机是摆脱现实环境中的个人或人际矛盾，并获得个人与人际关系补偿和回报。

3）普洛格的旅游动机理论

美国学者普洛格（Plog）于 1974 年发表的论文 *Why Destination Areas Rise And Fall In Popularity*，根据美国旅游度假者对目的地选择的差异将旅游者的旅游动机分为异向中心型（allocentric）和自向中心型（psychocentric）两种极端类型。在这两种极端类型之间有一系列连续的、过渡的心理动机类型，它们与两个极端类型共同组成一个连续的旅游动机谱。普洛格认为，极少数人处于旅游动机谱的两个极端，而绝大多数人属于中间类型，人数按旅游动机类型大致呈正态分布。普洛格的理论自发表以来得到了旅游学界的广泛认同和应用，成为旅游动机研究领域具有代表性的研究成果。

2.1.3　空间相互作用理论

空间相互作用是指区域之间所发生的商品、人口与劳动力、资金、技术、信息等的相互传输过程。它对区域之间经济关系的建立和变化有着很大的影响。一方面，空间相互作用能够使相关区域加强联系，互通有无，拓展发展的空间，获得更多的发展机会；另一方面，空间相互作用又会引起区域之间对资源、要素、发展机会等的竞争，并有可能对有的区域造成损害。空间相互作用原理是城市地理学的重要理论基础，最早由美国地理学家厄尔曼（Ullman）提出，用于表示两个地理区域间相互依赖关系。地理现象之间是相互联系、彼此制约的，它们之间不断地进行着物质、能量、人员和信息的交换，这些交换称为空间相互作用。厄尔曼指出，形成空间相互作用的三个必要条件为互补性、中介机会和可运输性（约翰斯顿，2004）。其中互补性主要从供需关系角度出发进行界定，两地间的相互作用需要有一个前提条件，即它们中的某一方有某种东西提供，而另一方恰恰对这种东西有需求，这样才能实现两地间的作用过程（徐学强等，2003）。在国外，很多学者运用区位理论、空间相互作用理论等对游憩活动与地理空间的结构以及竞争关系进行了有益的探讨（刘宏盈，2009）。我国较早运用空间相互作用理论的有曾菊新（1996）、陆玉麒（1998）和戴学珍等（2000），他们从不同角度对我国城市间的空间相互作用进行了较深入的研究。卞显红等（2007a）对长江三角洲城市间的旅游空间相互作用的基本条件、基本形式进行了研究，并运用旅游经济联系强度模型、旅游经济隶属度模型和城市旅游吸引区边界确定模型分析长江三角洲城市间空间相互作用。肖光明（2008）结合珠江三角洲九个城市的旅游发展实践，分析了其旅游空间相互作用的基本条件以及旅游空间相互作用的两种主要形式，并对其中存在的问题提出改进策略。旅游活动是以旅游者的空间移动为主要特征的，伴随着物质流、信息流、能量流、资金流和技术流等的相互作用，在目的地和客源地空间表现得尤为明显。

闫卫阳等（2009）分析了几种主要城市空间相互作用理论模型的机制和原理，探讨了模型的缺陷、演进和扩展形式，从理论上论证了将空间分割原理和断裂点模型结合的扩展模型的科学性和合理性，并提出城市空间相互作用理论模型中影响较大、应用较多的主要是赖利-康弗斯模型、引力模型和潜力模型。

1）赖利-康弗斯模型

空间相互作用具有随距离增大而衰减的特点，在此用牛顿万有引力公式表达。

$$F_{ij} = G\frac{m_i m_j}{{r_{ij}}^2} \tag{2-7}$$

式中，F_{ij} 是物体 i、j 的相互作用；m_i、m_j 分别是物体 i、j 的质量；r_{ij} 是物体 i、j 的距离；G 是引力常数。在对地理空间的相互作用研究中，由于参数的类似性，重新定义 m_i、m_j 为城市（或区域）的规模，G 是介质常数。因为研究问题的不同，规模可以采取人口规模、工作机会等，用 P 代替 m，公式可以写为

$$F_{ij} = G\frac{P_i P_j}{{r_{ij}}^2} \tag{2-8}$$

后来，赖利对美国得克萨斯州的 225 个城市之间的贸易进行研究，发现一个城市从周边吸引来的零售顾客数量与这个城市的人口规模成正比，而与两地的空间距离成反比。据此，赖利提出了零售吸引模型。

$$\frac{T_{\mathrm{a}}}{T_{\mathrm{b}}} = \frac{P_{\mathrm{a}}}{P_{\mathrm{b}}}\left(\frac{d_{\mathrm{b}}}{d_{\mathrm{a}}}\right)^2 \tag{2-9}$$

式中，T_{a} 和 T_{b} 分别为一个中间城市被吸引到 a 城和 b 城的交易额；d_{a} 和 d_{b} 分别为 a 城和 b 城到中间城市的距离；P_{a} 和 P_{b} 分别为 a 城和 b 城的人口。

在赖利模型的基础上，学者康弗斯（Converse）提出断裂点概念。两个城市间的分界点（断裂点）可以用式（2-10）求出。

$$d_{\mathrm{a}} = d_{\mathrm{ab}} \Big/ \left(1 + \sqrt{P_{\mathrm{b}}/P_{\mathrm{a}}}\right) \text{或} d_{\mathrm{b}} = d_{\mathrm{ab}} \Big/ \left(1 + \sqrt{P_{\mathrm{a}}/P_{\mathrm{b}}}\right) \tag{2-10}$$

式中，d_{a}、d_{b} 分别为断裂点到两城的距离；d_{ab} 为两城的直线距离；P_{b}、P_{a} 分别为两城的人口。赖利模型从大量的实证研究出发，解决了中间城市吸引相邻两城市零售交易量的比例关系，其研究成果对于商业网点的分析与布局有重要指导意义。康弗斯的断裂点模型是一个最重要的发现，它从大量的实例中得出，又在更多的实例中得到了验证，被认为是应用最为广泛、也更符合客观实际的理论模型，常用来确定城市的空间影响范围和城市经济区的划分。

2）引力模型

引力模型来源于牛顿的万有引力，其公式表述为

$$I_{\mathrm{ab}}=\frac{\left(W_{\mathrm{a}}P_{\mathrm{a}}\right)\left(W_{\mathrm{b}}P_{\mathrm{b}}\right)}{d_{\mathrm{ab}}^{b}} \tag{2-11}$$

式中，I_{ab}为 a、b 两个城市的相互作用量；W_{a}、W_{b}为经验确定的权数；P_{a}、P_{b}为两个城市的人口规模；d_{ab}为两个城市间的距离；b为测量距离摩擦作用的指数。虽然式（2-11）看起来比较简单，但是其中的参数确定困难，因此很难应用于实际。

3）潜力模型

当计算一个城市与城市体系内所有城市的相互作用量时，只需要应用引力模型公式分别求出这个城市与其他每一个城市的相互作用量，再求和即可，用公式表达为

$$I_{\mathrm{a}}=\sum_{\mathrm{b}=1}^{n}I_{\mathrm{ab}}=\sum_{\mathrm{b}=1}^{n}\frac{P_{\mathrm{a}}P_{\mathrm{b}}}{d_{\mathrm{ab}}^{b}}+\frac{P_{\mathrm{a}}P_{\mathrm{a}}}{d_{\mathrm{aa}}^{b}} \tag{2-12}$$

式中，I_{a}表示 a 城总的相互作用量，其他符号的意义与式（2-9）相同。d_{aa}可采用 a 城与离它最近城市距离的一半，也可以采用 a 城面积的平均半径计算而得。城市入境旅游流和城市本身在作用形式上存在一种交换、联系和互动，可以视为一种外来的作用力。入境旅游流带给城市的是客流、信息流、资本流、技术流、物质流、能量流和文化流的集合。与此同时，对城市入境旅游流的研究也是对空间相互作用理论在某种层面的补充和阐述。

2.1.4 竞争优势理论

美国学者迈克尔·波特于 1990 年在《国家竞争优势》一书中提出了竞争优势理论。他认为，国家竞争优势来源于四个基本因素（生产要素状况，需求状况，相关和支持产业，公司战略、结构和竞争）和两个辅助因素（机遇和政府）的整合作用。竞争优势理论是比较优势理论和要素禀赋理论的进一步发展，在一定程度上弥补了传统国际贸易理论的缺陷。

比较优势理论的创立者是英国资产阶级古典政治经济学家大卫·李嘉图。他在 1817 年出版的《政治经济学及赋税原理》中提出了著名的比较优势原理（law of comparative advantage）。比较优势理论认为，

国际贸易的基础是生产技术的相对差别（而非绝对差别），以及由此产生的相对成本的差别。每个国家都应根据"两利相权取其重，两弊相权取其轻"的原则，集中生产并出口其具有"比较优势"的产品，进口其具有"比较劣势"的产品。比较优势贸易理论在更普遍的基础上解释了贸易产生的基础和贸易利得，大大发展了亚当·斯密的绝对优势（absolute advantage）贸易理论。比较优势理论清晰地揭示了国际分工体系下国家间绝对优势和相对优势的形成机理。

20 世纪 60 年代新古典学派俄林提出了要素禀赋理论（factor endowment theory），使比较优势理论得到进一步拓展。要素禀赋理论用来说明各国生产参与国际贸易交换的商品具有比较成本优势的原因。俄林批判地继承了大卫·李嘉图的比较成本说，他认为，李嘉图只用劳动支出这一因素的差异来解释国际贸易是片面的。在生产活动中，除了劳动起作用外，还有资本、土地、技术等生产要素，各国产品成本的不同，必须同时考虑到各个生产要素。为此他向英国古典经济学派提出了挑战。他在 1933 年出版的《区域贸易和国际贸易》一书中系统地提出了自己的贸易学说，标志着要素禀赋说的诞生。俄林早期师承瑞典著名经济学家赫克歇尔而深受启发，故他的要素禀赋说也被称为赫-俄模型（H-O 模型），该理论是现代国际贸易理论的新开端，与大卫·李嘉图的比较成本说并列为国际贸易理论的两大基础理论（李晓燕，2010）。此外，约翰·穆勒的相互需求理论认为，贸易双方之间的相互需求（mutual demand）强度决定着国际贸易条件的最终水平，进而决定了国际贸易总利益在交易双方间的分割。国际旅游作为无形贸易的一种形式，入境旅游可以看做是旅游产品的出口，同样适应上述理论。

比较优势强调同一地区不同产业间的比较关系，而竞争优势强调不同地区同一产业间的比较关系。前者强调各地区产业发展的潜在可能性，后者则强调各地区产业发展的现实态势。一个国家或地区一旦发生对外经济关系，比较优势与竞争优势会同时产生作用。一个地区具有比较优势的产业往往易于形成较强的竞争优势，一个地区产业的比较优势要通过竞争优势才能体现。因此，比较优势是产业竞争力的基础性决定因素，而竞争优势是直接作用因素。比较优势是产业分工的基础，也是竞争优势形成的基础，但它却不能直接用来解释产业竞争力水平的高低。而竞争优势理论则可直接用于解释产业竞争力的形成机理。

2.2 城市目的地响应的理论基础

2.2.1 旅游供给理论

经济学意义上的供给是指企业（生产者）在某一特定时期内，在每一价格水平上愿意而且能够出售的商品量。作为供给，一是必须有出售的愿望，二是必须有供应的能力，两者缺一不可。经济学中，单个厂商的供给函数一般形式为

$$S_{x} = f(p_{x}, p_{1}, \cdots, p_{n}, p_{e}, c, \rho) \quad (2\text{-}13)$$

式中，S_{x}为厂商对x产品的供给；p_{x}为x产品的价格；$p_{1}, \cdots, p_{n}$为其他n种产品的价格；p_{e}表示消费者对未来价格的预期；c, ρ分别为生产要素的成本和厂商的技术状况。从旅游经济的角度看，旅游供给是指在一定时期和一定价格水平下，旅游经营者愿意并且能够向旅游市场提供的旅游产品数量。所谓旅游供给能力，就是在一定的时间和空间条件下，旅游经营者能提供的最大数量的供给。

1）旅游供给及其内容

旅游供给是一种特殊的产品供给，具有其自身的特殊性。这种特殊性是由旅游产品的特性决定的，主要表现为：旅游供给的不可累加性，即旅游供给不能用产品数量的累加来测度，只能间接地用旅游者数量来表达；旅游供给的产地消费性；旅游供给量的相对稳定性和持续性，即旅游供给能力一旦形成，在短期内会持续供给，不易改变；旅游供给的非储存性，即旅游产品不像一般的消费品可以通过库存的调节来缓解供需的矛盾。

就旅游供给的内容而言，传统的旅游“六要素说”认为，旅游供给主要包括提供旅游活动的行、游、住、食、购、娱，与之相对应形成了交通、旅游景区（点）、旅游住宿设施、餐饮、旅游购物店和娱乐场所等部门。世界旅游组织在其旅游卫星账户中根据旅游产品的性质划分旅

游产业的构成：旅游特征产品（tourism characteristic products）、旅游相关产品（tourism connected products）和代表两者总和的旅游整体产品（tourism specific products）。其中，旅游特征产品是指多数国家在没有旅游活动的条件下，即将消失或者消费量会大幅减少，但其统计数据可以收集的产品，如接待设施、餐饮服务、长途交通及其相关服务、旅行商以及文化和娱乐服务等。相关产品是那些参与旅游消费，并在旅游者的消费中所占比例较大的，未包括在特征产品中的部分。2004 年 7 月，国家发展和改革委员会与旅游局共同研究的《中国旅游业就业目标体系与战略措施研究》把旅游业分为旅游核心产业、特征产业和旅游经济部门（宋海岩等，2010），由此可以映射出不同的机构对于旅游供给内容的界定。能够提供以上特性产品的部门共同构成了旅游供给的内容。

鉴于旅游业构成在认识上一直存在分歧（林南枝等，2000），因此旅游供给的内容也存在不统一的现象。本书在研究中特将旅游供给界定为直接旅游供给、间接旅游供给和相关旅游供给三个组成部分（表 2-1）。直接旅游供给是指吸引旅游者进行旅游活动的最直接的供给部分；间接旅游供给是指为旅游者实现旅游活动而提供辅助帮助的供给部分；相关旅游供给是指为旅游者的旅行活动提供基础保障的部分。

表 2-1 旅游供给构成表

供给分类	项目	构成部分
直接旅游供给	旅游资源 旅游专用设施	景区（点）、饭店及各类住宿设施、旅游餐饮、旅游购物店、旅游娱乐场所等
间接旅游供给	旅游中介服务	旅行社、旅游公司、旅游车船公司、导游服务公司等
相关旅游供给	旅游基础设施 公共设施、服务	目的地基础设施（道路、桥梁、机场、码头、供水电、供暖、排污、消防等）、金融、通信、卫生、安全服务等

2）旅游供给规律及其影响因素

旅游供给量是一个国家或者地区在一定时期内向旅游市场提供的旅游产品的数量。旅游供给量同旅游产品价格存在一定的依附关系。一般情况是，当旅游市场上旅游产品价格出现下降趋势时，旅游供给量就会减少；当旅游市场上旅游产品价格呈现上升趋势时，旅游供给量会随之增加。旅游供给规律就是在其他情况不变的条件下，一个国家或地区在一定时期内愿意并且有能力向旅游市场提供的旅游产品的数量将随着市场价格的涨落而增减，即旅游产品的供给量同旅游市场上旅游产品的价格成正比例变化。

从旅游供给规律可以看出，旅游价格是影响旅游供给量最直接的因素。除此之外，还有很多因素也会影响旅游供给。

（1）旅游资源及环境容量。旅游供给的核心是旅游资源，正是旅游资源对旅游者的吸引作用，才促使旅游活动的产生。旅游资源的丰度、品级决定了对旅游者吸引力的大小，同时旅游资源的特性决定了旅游产品的类型和特色，直接影响旅游供给的内容。环境容量包括自然环境容量和社会环境容量，它在很大程度上决定着旅游供给的最大限度以及目的地旅游业的可持续发展。

（2）社会经济发展水平。一个国家或地区能否根据市场需要及时扩大其旅游供给的规模，关键因素之一在于它是否有足够的经济实力。发达国家由于经济实力雄厚、科学技术水平高，具有提供优质旅游供给的物质基础和现代化手段，并且相对产出成本低、效益高。反之，发展中国家或地区由于经济基础薄弱，基础设施和生产手段相对落后，在开发旅游资源、增加或维持旅游供给的过程中，成本高、旅游经济效益也相对较低。衡量一个目的地经济发展的指标主要有国民生产总值（gross national product，GNP）和国内生产总值（gross domestic product，GDP）。所谓国民生产总值，就是一个国家的居民一定时期内所生产的各种最终产品和提供的各种服务的市场价值的总和，包括居民从国外取得的收入。国内生产总值是指一个国家在一定时期内所生产的所有产品和劳务的市场价值的总和。二者的区别在于，国民生产总值是从产品和劳务的生产者国籍来定义的，而国内生产总值则是从产品和劳务的生产地域范围来定义的，它包括了外国居民在本国范围内生产的产品和劳务，因此更能反映一个国家的生产能力（厉以宁，2000）。

（3）科学技术发展水平。科学技术是推动社会经济发展的强大动力，同样也是促进旅游业发展、影响旅游供给的重要因素之一。科技的进步对旅游供给有直接的影响，现代旅游业的发展已经广泛应用了新技术。计算机预订系统、旅游管理信息系统、现代化的交通工具都在很大程度上提高了旅游业的供给能力。衡量一个地区科学技术发展水平的最直接的指标包括经济增长、科技贡献、科技成果、技术创新、结构优化和效益提高等很多方面（郑明贵等，2007）。

（4）目的地国家或地区的旅游政策。旅游目的地国家或者地区有关旅游经济发展的战略和政策同样会影响旅游供给。这些政策主要包括税收政策、投资政策等。对任何企业而言，税率的高低不仅会影响旅游产品价格，而且也影响其利润的大小和进行再生产的能力。政府如果降低旅游企业的税率或者减免旅游商品的进口关税，就会提高企业的利润，促进旅游供给量的增加，反之则减少。投资政策包括对旅游业的建设投资实行财政补贴或者低息贷款等，这些政策都会相应地刺激旅游供给。

3）旅游供给弹性

供给弹性是指商品供给量的相对变动对引起它变动的相关因素相对变动的敏感程度。供给弹性可以分为供给价格弹性、交叉弹性和成本弹性等。旅游供给价格弹性是旅游产品供给量的相对变动与旅游产品价格相对变动的比值，用来测度旅游产品的供给量对于自身价格变动的敏感程度。旅游供给交叉弹性是指一种旅游产品供给量的相对变动与另一种旅游产品价格相对变动的比值。旅游供给成本弹性则是反映一种旅游产品的供给量与该种产品成本相对变动的敏感程度的指标。

国内外学者对于旅游供给的关注度并不高，研究成果较少。通过对 Science Direct 数据库的外文文献检索发现，Smith（1988）从供给侧定义旅游业，试图突破以往仅从需求方来定义旅游业的思路。Schlüter（1991）基于区域大市场研究了拉丁美洲的旅游供给状况。Papageorgiou（2008）通过对英国旅游经销公司和希腊住宿业以及国家旅游组织之间相互关系的定性分析，探究了供给方视角下旅游业的人文维度（human dimension）特征。Sigala（2008）发表的研究强调了供给链管理（supply chain management，SCM）的概念及其重要性，构建了 SCM 的可持续发展模型。

2.2.2　旅游供给链

供给链（supply chain）的概念最早出现在 20 世纪 80 年代，是指围绕核心企业，通过对信息流、物流、资金流的控制，经由采购原材料、制成中间产品和最终产品、把产品销售到消费者手中等系列过程，将供应商、制造商、分销商、零售商及最终用户连成整体的网链结构模式（马士华，2000）。最初的供给链被视为企业内部的一个物流过程，主要解决企业内部各职能部门之间流通不畅、存货和能力配置不合理的问题。Tapper和Font两位学者则将旅游供给链（tourism supply chain，TSC）定义为将旅游产品传递给顾客的所有商品和服务的供应商组成的一个链条（徐虹等，2009）。也有一些学者将旅游供给链定义为从事不同活动的旅游组织构成的一个网络，这些不同的活动涉及旅游活动中供给的各个环节，囊括了旅游的六大要素（行、游、住、食、购、娱）以及最终旅游产品的分销和营销，涉及私营部门和公共部门的广泛参与者（Zhang et al.，2009）。

在国外研究中，近几十年来旅游学术界和业界对于旅游供给链的关注远不及旅游业发展的速度，但也有很多学者涉及该领域的研究，如Buhalis等、Page、Sinclair等。Sinclair等（1997）强调了旅游业供给侧的重要性。Page（2003）认为，特定的旅游产品和服务包括了很大范围的相互联系的旅游供应商，也因此构成了旅游供给链。尽管旅游供给链的研究有其局限性，在相关领域还是取得了一定的成果，如旅游价值链（tourism value chains）或者旅游产业链（tourism industry chains）。Kaukal等（2000）基于旅游业的综合性特征进行了与供应链相关的研究，提出典型的旅游供应链包括旅游供应商（tourism supplier）、旅游经营商（tour operator）、旅行代理商（travel agent）和顾客（customer）四个部分。Zhang等（2009）发表论文对近年来供给链、旅游供给链的研究进行了综述，并在此基础上提出了该领域的研究框架和今后的研究重点，较全面地总结了旅游供给链研究的成果。

在国内研究中，旅游供给链通常被称为“旅游供应链”，发端于21世纪初。黄小军等（2006）总结了旅游服务供应链管理的一些基本问题，指出其在实践中的重要意义。何佳梅等（2007）针对我国出境旅游的迅猛发展情况，试图构建合理的出境旅游供应链，并分析其悖逆选择和道德风险、外部环境风险、信息传递风险和监管风险等影响因素。路科

（2006）、李万立等（2007）分别在《旅游学刊》上发表论文，就有关旅游供应链的相关问题展开讨论。徐虹等（2009）从旅游目的地角度出发，结合对旅游供应链概念的分析和认识，提出了旅游目的地供应链概念，并构建了模型加以说明（图 2-4）。张凤玲等（2010）就旅游供应链可靠性管理问题及其评价模型进行分析。吕兴洋等（2010）从渠道权力的角度对旅游供应链上下游企业间的关系类型进行分析。总的来看，国内对于旅游供给链的研究仍处于初期阶段，学者们更多地关注了以旅游企业，特别是旅行社企业为核心的旅游供应链的管理、供应链模型的构建和企业之间的利益问题等。将旅游目的地作为一个整体系统加以考虑的研究较少，特别是研究特定的城市目的地旅游供给链的成果欠缺，涉及内容方面也显得有些类似、缺乏系统性和深入性。

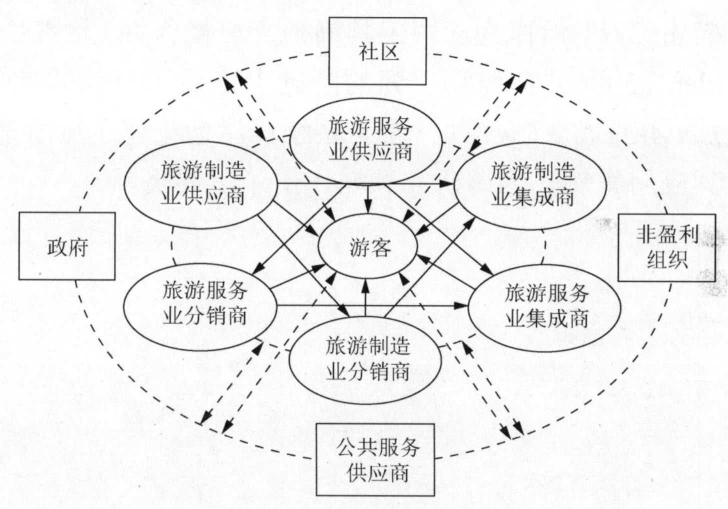

图 2-4　旅游目的地供应链概念模型（徐虹等，2009）

2.2.3　城市旅游地生命周期

旅游地生命周期的概念最早是由德国学者克里斯特勒在研究欧洲的旅游发展时提出的，美国学者斯坦斯菲尔德在研究美国大西洋城旅游发展时也提出了类似的概念（保继刚等，1999）。目前被旅游学界普遍认同的则是加拿大学者 Butler（1980）提出的旅游地生命周期概念（图 2-5）。Butler 提出的旅游地生命周期基于两个普遍存在的原理，一是产品生命周期原理，它是指市场上任何产品都将经历一个缓慢的生长期，若市场营运正常，紧随着的就是快速增长期，然后是平稳期，如果产品的研发跟不上，其吸引力和市场竞争力必然减弱，或者进入衰退期，甚至退出市场；二是物种种群生长的动力学模型，它描述各种种群的生长演化情况，在特定地区，某一物种种群数量上的增长总是伴随着一个稳定期，这种稳定期标志着一定容量阈值的客观存在（宋海岩等，2010）。该理论受到了旅游研究者的广泛关注，对其进行验证的文章数量较多（Hovinen，2002；Haywood et al.，1995；Getz，1992；Cooper et al.，1989；Mathieson et al.，1982）。很多学者实证研究表明，只有少数案例符合该理论的预测曲线，大部分研究的结论与该理论模型相去甚远，而且此类研究基本上认为不同旅游地的生命周期有不同的特点，特别是衰退与复苏阶段的表现差异尤为突出。因此，该模型是旅游地生命周期理论中一个较好的描述工具，但作为应用工具尚缺乏可操作性（徐红罡，2005a）。此后，Butler（2006）在前期研究的基础上出版了《旅游地生命周期》（*The Tourism Area Life Cycle*）一书，系统详尽地论述了旅游地生命周期的理论及其应用案例，为该研究领域作出了重要贡献。

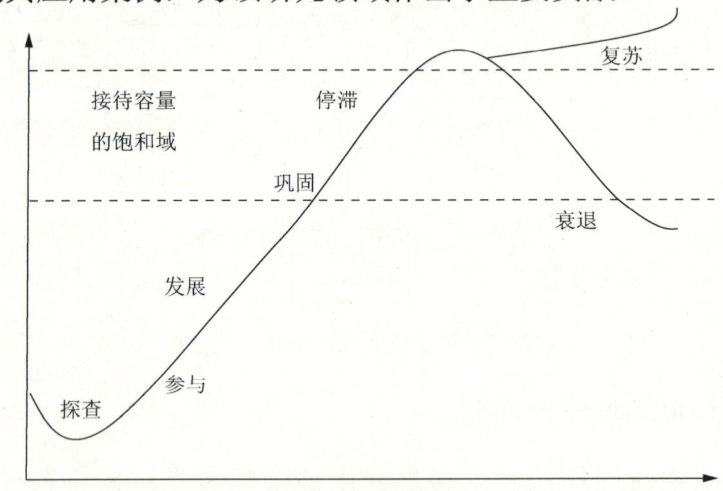

图 2-5 Butler 的旅游地生命周期曲线图（保继刚等，1999）

将旅游地生命周期理论应用于城市旅游目的地研究，对城市旅游的发展具有重要的理论和实践意义。然而在国内关于旅游地生命周期的应用研究中，分析景区（点）的生命周期、运用生命周期理论指导景区开发和规划的研究成果较多，针对城市这样一个复杂的旅游目的地进行生命周期研究的则为数不多，具有代表性的是保继刚等（2004）以苏州为例，研究了城市旅游地生命周期的系统动态。徐红罡（2005b）提出了一般城市旅游地生命周期的研究框架，构建了一般城市旅游地旅游发展的系统动态模型，解释了旅游地发展的系统内部结构和各要素的作用机制。杨春梅等（2010）将熵理论运用于城市旅游地生命周期的研究，探讨了熵理论应用于城市旅游地生命周期研究的机理，并构建了相关模型。在国外，以某城市旅游地生命周期为研究对象的成果为数不多。Grabler（1998）应用统计分析的聚类方法对欧洲 43 个城市的旅游生命周期进行研究，得出几种不同的城市旅游地生命周期曲线。Toh 等（2001）应用自己提出的 TBA（travel balance approach）方法研究了新加坡的旅游地生命周期。这些研究都是以某一个特定地域作为研究对象，发现其旅游地生命周期的规律性和特征。

2.2.4　城市可持续发展理论

1987 年，联合国世界环境与发展委员会在《我们共同的未来》一书中正式提出可持续发展概念，此后，可持续发展问题日益成为各国学者关注的焦点。在各国经济发展过程中，伴随着工业化和城市化的不断深化，大量与环境和自然资源相关的问题开始涌现。城市在发展过程中日益面临许多危机，如环境污染、交通堵塞和水资源短缺等。为解决这些危机，城市可持续发展（urban sustainable development）理论应运而生。严格来说，城市可持续发展理论与可持续发展理论没有本质的区别，只是城市可持续发展理论研究的视角更加具体、更具有针对性。城市作为人类活动与自然环境相互作用、相互影响的复杂系统，最能充分体现出人类生产生活与环境之间的对立统一关系。城市可持续发展是一个新领域，其实践工作刚刚开始。随着城市化的不断深入，不同类型城市的环境、交通、住宅和社会问题也日趋显著。有学者指出，可持续发展理论探索虽然开始较早，但尚未形成理论体系，尤其是核心理论还没有形成，城市可持续发展问题本身的复杂性致使其研究呈现出综合性、交叉性的特点。从其理论框架上说，城市可持续发展理论研究涵盖了经济学、环境科学、生态学和系统科学等领域。研究的主要内容涉及资源和环境、城市生态、经济发展、城市空间结构和社会学等城市可持续发展的多个方面（许光清，2006）。城市旅游业的发展是把“双刃剑”，一方面，旅游业的发展可以促进城市资源的开发与保护，并为城市的经济发展作出贡献；另一方面，城市旅游业的发展可能会激化矛盾、使得各种城市问题日益突出。城市可持续发展理论是可持续发展理论在城市地域范围的体现，也是城市发展的必由之路。

2.3 旅游供求均衡理论

旅游供求均衡理论是旅游经济学中比较重要的理论基础之一。该理论强调旅游经济活动中供给和需求的相对均衡，而非绝对。在现实旅游经济活动中，旅游供给和需求的矛盾总是长期存在的，而均衡则是相对的、暂时的。

1）*旅游供求的矛盾及其表现形式*

旅游经济活动中，旅游供给和需求是相互依存又相互矛盾的两个重要方面。两者之间的矛盾主要存在于以下几个方面。

（1）结构方面的矛盾。结构方面的矛盾主要表现在数量和质量上。市场经济条件下，旅游需求经常处于不断变化中，呈现出多样性和复杂性的特点。在一定的历史发展阶段，与旅游资源、设施、服务等相关联的旅游供给一旦形成，它们的水平就既定了，因此在质量和数量上就与旅游者的需求内容、水平产生差距和不协调，从而表现出矛盾。

（2）时间方面的矛盾。就旅游供给而言，设施供给和资源供给之间存在矛盾，旅游设施供给是常量，不随时间变化而变化，旅游资源的观赏价值却因人们的普遍偏好而存在时间变化（如炎热夏天的避暑胜地，隆冬季节的冰雪之旅）；就旅游需求而言，由于旅游者的余暇时间具有一定的时间规律，就与旅游供给的相对稳定形成矛盾。旅游供需在时间上的矛盾集中体现在“旺季”和“淡季”。

（3）空间方面的矛盾。旅游供需在空间方面的矛盾是指旅游产品的供给和需求在同一旅游目的地内不同区域中的失衡。旅游资源分布的不平衡是造成供求在空间矛盾的主要原因，不同地区旅游开发和服务的完善程度是造成旅游供求在空间上矛盾的另一个原因。旅游供给和需求在空间方面的矛盾集中表现在“热点”和“冷点”地区。

2）旅游供求的均衡

均衡本是物理学中的一个名词，指的是当物体同时受到方向相反的两个外力作用，而这两个力又恰好相等时，该物体处于静止状态。经济学家马歇尔把这一概念引入经济学中，主要是指经济中各种对立的、变动着的力量处于一种力量相当、相对静止、不再变动的状态。经济学中的均衡又分为局部均衡和一般均衡。局部均衡是假定在其他条件不变的情况下，一种商品的均衡价格和均衡产量的决定和实现。一般均衡是指在各种商品和生产要素的供给、需求和价格相互影响的情况下，所有商品或者整个商品体系同时达到的价格与产量的均衡。

3）旅游供求矛盾的调节

旅游目的地用以调节旅游供求矛盾的措施较多，既包括政策性措施，也包括技术性措施。这些措施的运用都是旨在通过影响旅游的需求量或者供给量以达到两者的局部均衡。现实中常见的调节措施主要有：旅游规划、旅游市场营销、价格政策和税收政策等。旅游规划是一种通过预先调节旅游供给来实现供求均衡的手段，不仅影响旅游供给的规模、质量，也会对旅游需求产生影响；旅游市场营销是针对旅游需求方而言，主要通过刺激或者减弱旅游需求的程度达到供求的均衡；价格政策包括限制价格的上限或者下限，不仅涉及旅游产品，还包括旅游服务、劳动力的工资等很多方面，目的地政府可以通过价格政策来引导市场，从而达到旅游供需的均衡；税收政策可以从供给和需求两个方面起调节作用，通过税收的增加或者减免调节旅游市场的供需矛盾。

2.4　相关研究进展

2.4.1　入境旅游流驱动

旅游流驱动系统及其模型的研究是建立在旅游系统及其理论的基础之上的。国外学者将系统论应用于旅游研究始于 20 世纪 70 年代，学者 Cuervo 和 Gunn 在其早期的旅游研究中体现了系统论的思想和观点

(Leiper，1979)。澳大利亚学者 Leiper（1979）构建了旅游客源地、旅游地、旅游通道组成的基本旅游系统模型。此后，Gunn（1980）在对 Leiper 的旅游系统模型进行修正的基础上，提出旅游资源在整个旅游系统中的重要性。Mathieson 等（1982）将旅游系统的构成要素分为静态、动态和因果性三个类型。Mill 等（1985）在《旅游系统绪论》一书中首次运用系统模型对旅游业进行了全面描述，并指出旅游系统由四个子系统构成。Getz（1986）回顾总结了旅游研究中的 150 多种模型，并进行了比较和分类，最后在系统理论的基础上将其应用于旅游规划研究领域。Sessa（1988）以系统理论为基础，通过定量和定性方法分析了系统内部各组成要素之间的关系，并建立了具有动态性、可修正、可发展的区域旅游系统模型。

2002 年，Gunn 在前期研究的基础上提出了一个修正后的旅游功能系统模型（图 2-6）。在该模型中，供给和需求两个最基本要素之间的相互匹配构成了旅游系统的基本结构。Faulkner 等（2000）在总结前人研究的基础上提出旅游系统是一个混沌的、非线性的、复杂的、随机性的系统，系统模型见图 2-7。近年来，Baggio 在复杂性系统理论基础上通过研究建立了网络旅游系统，主要将其应用于旅游目的地促销的研究领域（董亚娟，2009）。通过总结发现，国外学者关于旅游系统的研究成果主要在相关概念模型的构建方面，但是因个体视角的不同而在各自的模型中呈现出不同的系统要素构成和概念理论框架。

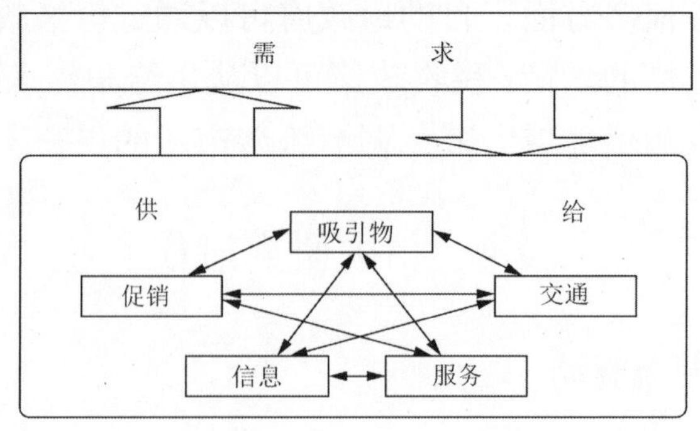

图 2-6　旅游功能系统修正模型（Gunn et al.，2002）

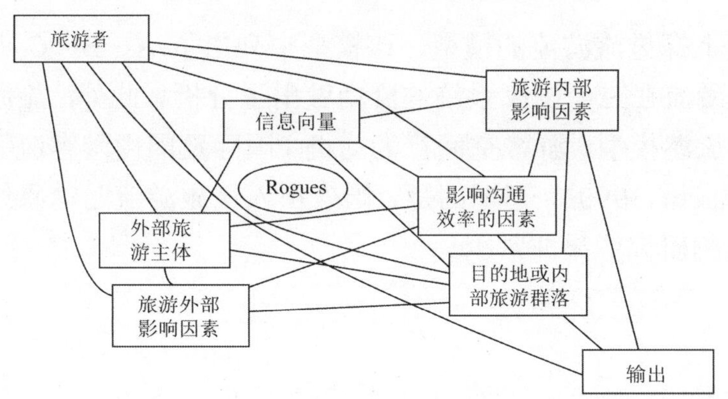

图 2-7　复杂旅游系统模型（McKercher，2004）

在前期旅游系统研究的基础上，国外学者对于旅游流的研究给予了很多关注，并且获得了许多研究成果。现实中因视角不同、方法不同、观点不同的各类旅游流模式趋于复杂混乱。早在 1982 年，学者 Lundgren 以加拿大为例，对旅游流的空间等级体系进行了分析。他认为地区之间的旅游流可以看作客源地和目的地之间的相互作用过程，它们的旅游空间相互吸引程度与大城市的区位特征有很大的关系，通常大城市在地区旅游空间相互作用中具有中心地位。Lundgren 模型关注的核心是不同地点对旅游流流动模式的影响。尽管它实际上是从目的地的角度来看待这些作用，但这些不同地点彼此间的“旅游吸引度”（旅游者的产生与流入）却被用在旅游流空间驱动层次模型中，成为对目的地进行定位的定义变量之一。使用的其他变量包括相对地理集中性、区位特性和这些地点在当地或地区经济体内部向旅游者提供需要的旅游供给的能力（图 2-8）。Smith（1990）指出旅游是一种空间现象，它涉及旅游者在两个地理空间的流动。Lue 等依据实地跟踪调查总结出几种旅游行为空间驱动模式，包括单一目的地旅游、线型旅游、基营式旅游和环型、链型旅游模式（Stewart et al.，1997）。Mariot 模型将旅游流表现为旅游者和客源地之间的三通道模型（Pearce，1990）。Campbell 模型对 Mariot 模型进行了发展，描述了从一个城市中心向外辐射的不同旅游流驱动模式。在 Campbell 旅游流流动模型的基础上，Pearce（1989）指出旅游者因其旅游动机的不同而呈现出不同的流动方式。Thurot 模型在国家和国际的角度上探讨旅游流的模型，该模型中列出了 A、B、C 三个国家系统，对旅游流在三个国家系统的流动做出了分析。此外，旅游地理学家 Pearce 对旅游模型、游客空间行为动机、国际及国内游客流等都进行了论述（Pearce，1990）。遗憾的是，国外在入境旅游流驱动系统及其构成要素方面的研究成果非常少。

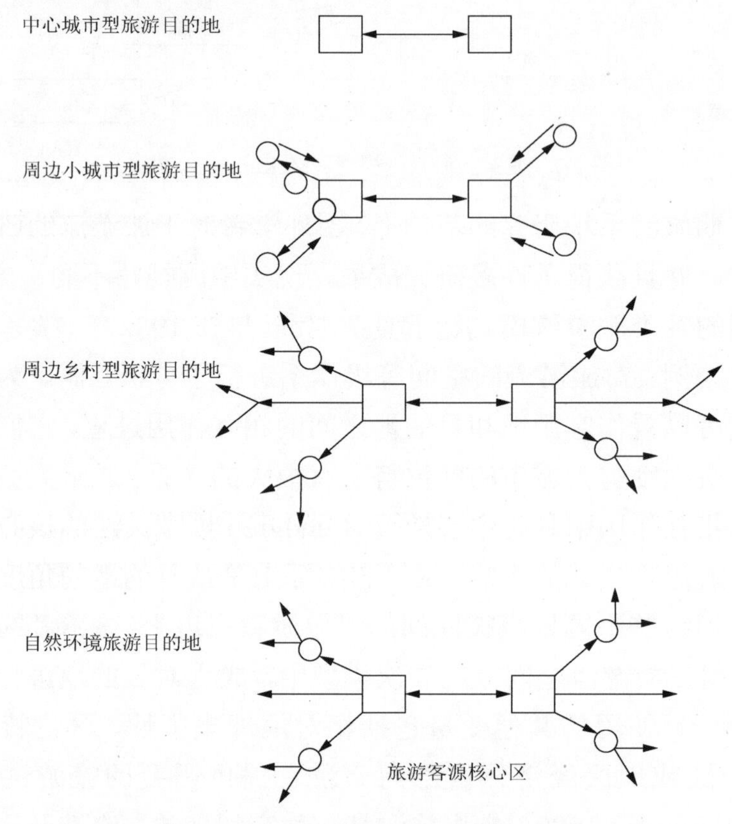

图 2-8 Lundgren 旅游流的空间驱动模型

国内学者对于旅游流及其系统的研究比西方国家稍晚，始于 20 世纪 80 年代。张凌云（1988）通过分析普洛格理论在定量研究中的推广试图进一步充实旅游流空间分布模型。邓明艳（2000）认为旅游流是具有一定流向和流量特征的旅游者群体，流量和流向是测度旅游流移动方向和规模的主要指标，目的地与客源地的空间关系以及不同目的地之间的空间关系是影响旅游流的关键因素。唐顺铁等（1998）提出，旅游流是以旅游客流为主体，涵盖旅游信息流、旅游物流和旅游能流的一个复杂的巨系统。其中，旅游信息流是其他旅游流产生的先决条件；旅游客流是旅游流体系的主体和基础；旅游物流和旅游能流伴随着旅游客流产生。吴必虎（1998）从系统论角度出发，提出旅游系统模型包括客源市场系统、出行系统、目的地系统和支持系统四个部分。马耀峰等（2001）提出，狭义上的旅游流是指旅游客流，广义上是以旅游客流为主体，涵盖信息流、资金流、物质流、能量流和文化流等多种子流在内的集合。吴人韦（1999）提出，旅游系统通过其内部人流、信息流、物质流、能量流和价值流"五流"的流动和转化，成为有序的结构功能整体。车裕斌等（2003）认为，旅游系统的功能就是通过各构成要素的协同与配合，保证客流、旅游信息流、收益流的顺畅和持续。袁宇杰（2005）对旅游流的相关研究做了综述，阐述了旅游流的结构，并在旅游流的概念基础上构建旅游"双流"系统，指出该"双流"系统由旅游者流和旅游业生产要素流共同构成。

在入境旅游流的驱动力、驱动机制方面，赵现红（2009）和刘宏盈（2009）探讨了入境旅游流扩散的动因和机制问题，并通过典型区域案例模型加以验证。张佑印（2010）进行了北京入境集聚扩散旅游流的时空演变和动力机制研究，指出旅游流扩散模式倾向于研究旅游流的流动表象方面的形态和特征，而旅游流的驱动模式则更关注有关旅游流的流动原因。杨兴柱等（2011）从多学科视角，采用文献分析法和系统归纳法深入剖析旅游流驱动机制，并构建了旅游流驱动机制的综合模型（图 2-9）。郑鹏（2011）在其博士论文中重点研究了中国入境旅游驱动力的问题，构建了入境旅游流驱动力的汽车模型，将中国入境旅游流比喻为高速行驶的汽车，汽车的四个车轮比作目的地视角下的驱动力，分别为外在地区经济驱动、外在交通区位驱动、外在接待能力驱动和外在旅游资源驱动（图 2-10）。上述这些研究主要倾向于揭示入境旅游流的驱动力，或者驱动机制及其规律，在很大程度上丰富了中国入境旅游流研究的内容和成果。比较而言，本书更多地关注入境旅游流系统及其各构成要素对于城市目的地的影响力。

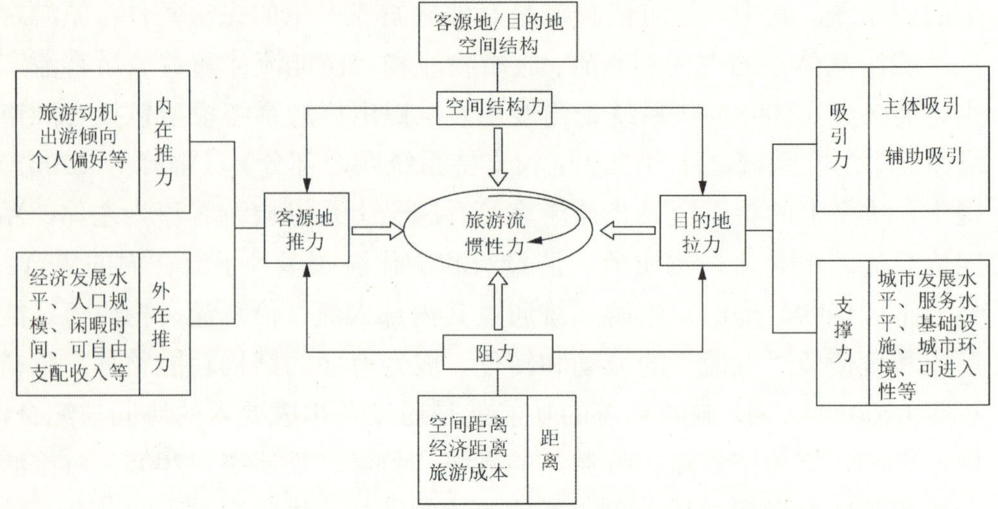

图 2-9　旅游流驱动机制的综合模型（杨兴柱等，2011）

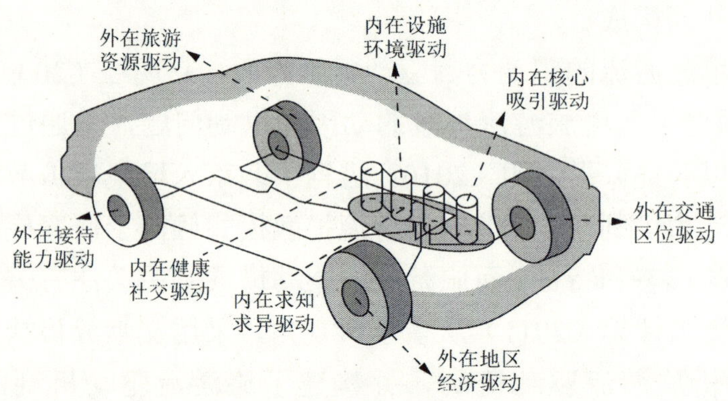

图 2-10　入境旅游流驱动力汽车模型（郑鹏，2011）

通过分析可以看出：国内外关于入境旅游流驱动系统的研究尚处于发展阶段，其中大多数研究者将客源地和目的地两个层面分开或者综合起来进行探讨，很少将入境旅游流的驱动和目的地的响应结合起来进行研究。本书着眼于入境旅游流驱动和城市目的地响应两个既对立又统一的体系来探讨两者之间的耦合协调关系，揭示其内在规律和特征结构。

2.4.2　城市目的地响应

本书基于供需视角，其中涉及的城市目的地响应系统的核心是旅游供给响应。

在国外，有学者（Morgan，1996；Holloway et al.，1995；Schramm et al.，1971）指出现阶段目的地供给侧的研究成果显得不足，在现有的成果中研究者更多地关注了个体供应商的经营管理和市场营销等，而不是整个旅游供给系统的合作。还有学者（Pearce et al.，2004；Johnson，2000）指出旅游目的地供给侧研究的另外一个特点是出现得相对较晚，较分散。城市目的地供给研究方面，Judd（1995）在综合分析了美国大型城市旅游发展战略的基础上，提出通过树立品牌形象、招揽商务会议、建设大型购物商场和娱乐场等措施可以促进城市旅游经济发展，增强城市旅游吸引力。Litvin（2005）以南卡罗莱纳州查尔斯顿的国王街改造项目为案例，探讨了历史街区改造与城市旅游发展的互动关系，为城市及其零售业的发展提供了反馈。Limburg（1998）、Chiesura（2004）和McKercher（2004）等分别以荷兰斯海尔托亨博斯市、阿姆斯特丹市和中国的香港特别行政区为案例，对不同特征城市最具吸引力的因素进行了研究。Hovinen（1995）对宾夕法尼亚州兰喀斯特遗产旅游地的研究表明，社区对旅游活动的逐渐参与和公共规划部门对营销的被动反馈已经对文化遗产保护产生了影响，而折扣购物中心的增加也影响到游客的旅游兴趣，因此具有前瞻性的规划对遗产旅游地开发具有重要意义。Chang 等（1996）通过对比分析蒙特利尔和新加坡城市遗产旅游发展的经验，探求了“自上而下”和“自下而上”两种方式相互结合的发展模式。

在国内，近年来有关城市目的地供给的研究成果主要集中在城市旅游吸引力、城市旅游产品、城市旅游竞争力研究和城市目的地开发等方面（马晓龙，2008）。吸引力是城市旅游发展的原动力，提升旅游吸引力也就成为城市目的地供给的重要内容。Xiao（1997）对厦门市、泉州市的旅游市场调查发现，两个城市中游客与当地居民之间的关系、旅游与休闲的结合方式等并不一致，并建议旅游城市应通过丰富游客体验、加强游客与当地居民文化交流等方式促进沟通、提高城市旅游吸引力。卞显红等（2005）对长江三角洲城市旅游产品一体化发展、区域城市旅游产品的主题与发展方向进行了分析。杨文华（2010）以重庆市为例，在进行旅游形象再定位的基础上构建了城市旅游产品体系。杨新军等（2001）运用地理学的空间分析方法，对城市旅游开发中的产品类型与空间格局进行了探讨。

国内外现阶段直接、全面研究城市旅游供给系统的成果出现较晚、数量较少，研究区域多在沿海或者经济相对发达的地区。现有成果针对城市旅游供给的某个侧面进行研究的成果较为多见，其中以城市作为旅游目的地的开发（产品开发、资源开发等）、旅游竞争力的提高、城市目的地形象、市场营销等方面尤为突出，当然此类研究也是基于旅游经营者的实践需要而产生的。本书试图比较全面地分析影响城市目的地供给的相关因素，系统构建入境旅游流驱动下的城市旅游供给响应系统模型，为该领域的研究贡献微薄之力。

第 3 章　入境旅游流驱动系统分析

3.1　入境旅游流的基本内涵及其影响因素

3.1.1　入境旅游流的基本内涵

旅游流作为描述旅游活动的重要概念，有广义和狭义之分。从广义上讲，根据唐顺铁等（1998）对旅游流体系的研究可知，旅游流是客源地与目的地之间，或多个目的地之间的单双向旅游客流、信息流、资本流、技术流、物质流、能量流和文化流的集合，是以旅游客流为主体，涵盖旅游信息流、旅游物流和旅游能流的一个复杂的巨系统，旅游客流是旅游流体系的主体和基础。从狭义上讲，旅游者离开常住地前往旅游目的地旅游便构成了具有一定流向、流量特征的游客群体，这一游客群体就称为旅游流，即旅游流指旅游客流，是在某一区域由于近似的旅游需求引起的旅游者从客源地到目的地的集体性空间位移现象，是单向的。旅游者从客源地向目的地流动的流向和流量是决定旅游流特性的两个基本因素（Pearce，1989）。如前所述，本书研究的对象是入境旅游客流，即主要研究一国（地区）居民跨越国界到另一个国家（地区）旅游所形成的旅游者流动形式。旅游流的本质属性是游客的集合即客流，故客流是旅游流的核心所在。

1994 年，联合国为了便于统计，将旅游划分为入境旅游（inbound tourism）、出境旅游（outbound tourism）和国内旅游（domestic tourism）三个类型。入境旅游是指非本国居民到本国来旅游的形式，以我国为例，其他国家的居民来我国旅游称为入境旅游，我国居民到其他国家去旅游称为出境旅游。入境旅游流同样由旅游者、旅游节点（旅游地和客源地）和旅游通道三要素构成。某区域的旅游流集合构成了该区域旅游流系统，旅游流系统是一个空间网络结构。一股旅游流从客源地开始，沿一定方向和路线流动到一个或数个目的地，最后又流回客源地，完成一次完整的旅游活动称为旅游流轨迹。因此，旅游流轨迹应是一个封闭的曲线或不规则的多边形，此封闭图形较难用简单的几何图形来刻画。在旅游流系统的空间网络结构中，网络的节点从宏观尺度讲，可以是国家、省区、城市等客源地和目的地；从微观尺度讲，可以是旅游景区、景点、旅行社、机场、车站、码头、宾馆和饭店等具有旅游设施的单位。连接节点的旅游路线则可以称之为旅游流通道（马耀峰等，2008）。

3.1.2 入境旅游流的影响因素

1）O-D 的空间距离

旅游客源地与目的地（O-D）之间空间距离的远近，是决定旅游流的流向、流量和时间特征的最重要因素之一。空间距离不是单一的变量，而是一个综合性的因素，同时也是一个作用方向很难确定的因素，它能以十分复杂的方式和强度影响旅游者对目的地的选择。空间跨距大意味着文化和地理区域的差异大，同时也意味着旅游者需要支付的交通、时间和体力等方面的成本高。在研究空间距离对于旅游流的影响中，比较有影响的就是距离衰减理论。旅游流距离衰减指旅游地游客人数随旅行距离增大而减小的现象，其距离衰减特征是确定和推测旅游地吸引力辐射范围和外推趋势的重要手段。在国外，已经有研究揭示了简单距离衰减原理在有些情况下的失灵，有的则采用其他数学模型来拟合，或者运用供需平衡模型对距离因素进行解释。国内学者吴必虎（1997）、张捷等（1999）、张安等（1999）根据实际市场调查数据绘制的旅游流距离衰减曲线类型也不尽相同。吴晋峰等（2005）在总结前人研究的基础上，借助旅游系统空间结构模型，应用演绎法对支配旅游流距离衰减曲线类型变化的空间结构因素进行了探索性的研究。综上，现阶段针对入境旅游流空间距离衰减问题的研究尚不多见。

2）O-D 的旅游需求与供给关系

旅游客源地和目的地之间的需求与供给关系是影响国际间旅游流运动的最根本原因之一。需求和供给的能力、水平会直接影响入境或者出境旅游流的流向、数量等特征指标。在现实的国际旅游市场中，出境旅游人数多的国家（地区）往往也是接待入境旅游人数多的国家（地区），如欧洲和北美区域市场。这一现象充分说明了旅游供给和旅游需求之间的关系是决定国际旅游流的流量和流向的重要因素，需求和供给的均衡与否在很大程度上决定了旅游流的本质属性特征。

3）O-D 之间的国际关系

旅游活动本身就是不同国家或地区之间的人们相互交流、影响的过程。这种互动和交往受很多因素影响，两地之间在政治、军事、贸易等方面联系的密切程度，社会、历史、文化等方面的依赖关系，生活方式、价值观、社会制度等方面的近似程度或差异程度等都会成为入境旅游流潜在的动力或者阻力。一般情况下，国际关系比较友好的国家和地区之间会在出入境旅游签证手续、旅游税收和补贴政策方面相互给予优惠，从而促使双边居民国际旅游活动的产生。

4）O-D 双边经济因素

双边经济因素主要包括 O-D 之间的汇率、相对价格、客源国（地区）国内生产总值等。汇率是一国货币兑换另一国货币的比率。在旅游产品价格不变的情况下，如果一个国家相对于另一个国家的汇率上升，就意味着该国的旅游产品实际价格上升，从而导致旅游成本的增加，进一步影响该国的入境旅游流。相对价格是商品之间价格关系的动态反映，专指两种或多种商品之间由供给与需求作用所形成的价格比例关系，或者可以理解为入境旅游外汇收入指数和各个客源国居民消费指数的比例，也就是国际贸易中所交换的商品价格之间的比例关系，它体现交换双方的贸易利益。相对价格问题也是一国入境旅游流（相当于出口贸易）的直接影响因素，这点在姚沛等（2011）关于北京入境旅游需求影响因素的分析研究中也得以体现。

3.2　入境旅游流驱动系统模型构建

所谓“驱动”，即指“施加外力，使动起来”。入境旅游流驱动强调入境旅游的各个构成要素作为一种外在的、作用于城市目的地所产生的影响力。中国旅游经济的发展模式可以总结为超前型、推进型。所谓超前型就是指旅游产业的形成和发展超越了国民经济总体发展的一定阶段，通过发展旅游产业来带动和促进国民经济中与其相关联的其他产业和地区发展的一种模式。推进型则指先以发展入境旅游为主，在由入境旅游形成旅游产业的基础上，随着社会经济的发展伴随着发展国内旅游，最终实现入境、国内和适度出境旅游全面发展的模式（林南枝等，2001）。基于此，入境旅游流的影响对于旅游目的地，包括城市目的地而言都是一个重要的驱动。本书的入境旅游流驱动是指入境旅游流作为需求侧对于城市目的地的影响力。入境旅游流驱动系统主要包括入境旅游总人数、入境旅游外汇总收入、入境旅游人天数和入境旅游者人均消费等具体要素指标。这些指标能够从不同的侧面反映入境旅游流对于城市目的地的影响力（图 3-1）。

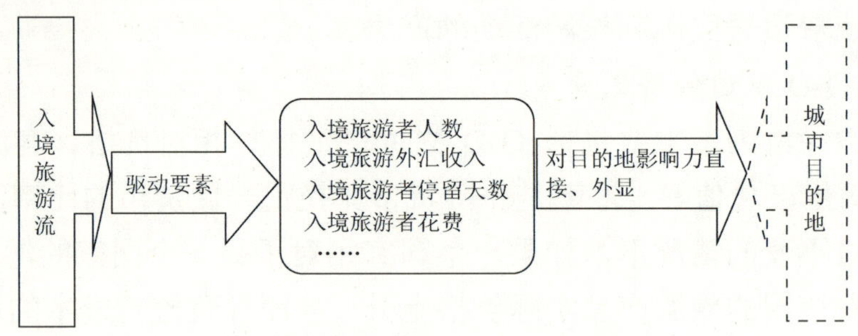

图 3-1　入境旅游流驱动系统概念模型

与国内或者地区间的旅游流相比，入境旅游流具有其自身的特征属性。入境旅游流的主体是国际入境旅游者，因为客源国（地区）的文化背景、社会经济制度、生活方式、宗教信仰和国家旅游相关政策的不同，以入境旅游者为主体的旅游流驱动系统也表现出个体层面的多样性；其次是入境旅游流的复杂性，随着国际旅游市场的不断成熟和重组，影响入境旅游流的因素也日趋复杂，驱动系统也因此呈现出复杂性。

本书研究的重点在于入境旅游流的外向显性影响力，试图将入境旅游流的外向影响力纳入城市目的地的范围研究其耦合关系，其本质在于揭示城市目的地视角的入境旅游流需求和目的地供给的协调关系，入境旅游流的显性外驱动具体表现在它的几个总体规模特征指标方面，即流向、流量和时间。旅游流的流向是指旅游流在持续的运动过程中所经过的旅游路径，它反映着目的地与客源地之间关联的方式和途径；旅游流的流量是指旅游流在单位时间内和一定空间上所形成的规模，持续、均衡、大规模的旅游流对旅游目的地有十分重要的意义，巨大的旅游流流量对旅游目的地的社会经济有着广泛而深刻的影响；从时间上考察旅游流的特点，包括两个方面的含义，即旅游流发生的时间和旅游流在旅游目的地持续时间的长短，即旅游流的流速（谢彦君，2004）。具体描述入境旅游流驱动系统构成要素的主要指标如下。

1）入境旅游人数

《中国旅游统计年鉴》中对“入境旅游人数”的界定是：“指报告期内来我国观光、度假、探亲访友、就医疗养、购物、参加会议或从事经济、文化、体育、宗教活动的外国人、港澳台同胞等入境游客。统计时，外国人、港澳台同胞每人入境一次统计 1 人次，即入境旅游人数。入境旅游人数包括入境（过夜）旅游者和入境一日游游客”。入境过夜旅游者是指在我国旅游住宿设施内至少停留一夜的外国人、华侨和港澳同胞，但不包括下列人员：①应邀来华访问的政府部长以上官员及其随行人员；②外国驻华使领馆官员、外交人员以及随行的服务人员和受赡养者；③常驻我国一年以上的外国专家、留学生、记者和商务机构人员等；④乘坐国际航班入境不需要通过护照检查进入我国口岸的中转旅客；⑤边境地区往来的边民；⑥回内地（大陆）定居的港澳台同胞；⑦已在我国定居的外国人和原已出境后又返回在我国定居的外国侨民；⑧归国的我国出国人员。

2）入境旅游外汇收入

《中国旅游统计年鉴》用国际旅游（外汇）收入代替入境旅游外汇收入，指入境旅游者在中国（大陆）境内旅行、游览过程中用于交通、参观游览、住宿、餐饮、购物和娱乐等的全部花费。为了统一口径，本书使用入境旅游外汇收入这一指标名称。入境旅游外汇收入是衡量一个国家或者地区入境旅游发展情况的重要指标，它作为区域旅游经济大系统中的注入量能够带来一定的乘数效应，从而产生数倍于此原始注入量的经济效益，因此其作用不仅在其自身，而且会引起一系列的连锁反应，从而为地区的经济发展起到积极的作用。

3）入境旅游者人均花费

根据每年的“入境旅游者在华花费情况抽样调查”，《中国旅游统计年鉴》中分别按“地区、年龄、性别、职业和目的”将入境旅游者的人均花费和花费结构进行了统计。该指标显示出入境旅游者的消费能力以及消费强度，可以进一步揭示目的地的旅游供给和需求的均衡状态。在旅游经济结构合理、发达的地区，入境旅游者的人均花费通常较高。

4）入境旅游者停留天数/入境旅游者人天数

这一指标为一定时期内入境旅游者人次与人均停留天数之积，该指标可以比较全面地反映入境旅游需求以及旅游目的地吸引力的大小。停留天数可以间接反映出旅游目的地的旅游供给规模、水平和服务内容的多少。随着现代旅游的发展，特别是邻近旅游目的地的出现，单凭入境旅游者人数难以说明旅游流的本质特征，因此入境旅游者停留天数对于城市旅游目的地的发展意义重大。在入境客源有限的条件下，采取一定措施适度延长游客停留时间也是发展入境旅游、获得更多旅游外汇收入的途径。

3.3　西安入境旅游流驱动的实证分析

西安入境旅游流驱动系统分析研究的数据主要来自政府有关部门发布的统计年鉴和旅游局、统计局的政府网站。政府发布的统计数据包括 2001～2015 年各年的《中国旅游统计年鉴》《中国旅游统计年鉴（副本）》《入境游客抽样调查资料》《西安统计年鉴》以及《陕西统计年鉴》等，网站有西安旅游网（http://www.xian-tourism.com）和西安市统计局网站（http://www.xatj.gov.cn）等，少量数据来自西安市旅游局的年度工作报告。

3.3.1　入境旅游者人数

西安是世界著名的历史文化名城、全国重点旅游城市和国际旅游热点城市之一，同时又是“丝绸之路”国际旅游的起点，占据中国西北旅游的龙头地位。旅游业作为西安最具特色的产业，在西安的经济结构调整和社会经济发展中有着较强的带动作用，在发展西部特色旅游中发挥着重要的辐射作用，在促进我国中西部对外开放和西安建设外向型城市过程中起着举足轻重的先导作用。自 20 世纪 80 年代以来，西安的入境旅游一直处于全国前列。21 世纪开始，随着国内国际入境旅游市场格局的不断变化，西安的入境旅游在全国的地位发生了一定的变化（表 3-1）。

表 3-1　2000～2014 年西安入境旅游接待人数及其同比增长率

年份	入境旅游者人数/人次	同比增长率/%
2000 年	650385	17.39
2001 年	672015	3.33
2002 年	743282	10.31
2003 年	336654	−54.59
2004 年	650325	93.17
2005 年	775620	19.27
2006 年	867273	11.82
2007 年	1000063	15.31
2008 年	632036	−36.80
2009 年	700629	10.89
2010 年	841819	20.15
2011 年	1002326	19.07
2012 年	1153467	15.09
2013 年	1211175	4.99
2014 年	1242330	2.58

注：根据 2001～2015 年《中国旅游统计年鉴》《西安统计年鉴》整理获得。

从表 3-1 可以看出：

（1）绝对量上来看，排除旅游危机事件的影响，西安入境旅游人数呈稳步增长，且幅度较大（图 3-2）。从近 15 年西安入境旅游接待人数来看，自 2000 年以来，整体趋势呈上升态势。2000 年接待入境旅游者 65.04 万人次，2005 年接待 77.56 万人次，直至 2007 年接待入境旅游者人次首次突破 100 万，到了 2008 年和 2009 年接待量有所回落，分别为 63.18 万人次和 70.06 万人次。其中除 2003 年和 2008 年出现了负增长外，其他年份中大多数保持了 10%以上的增长率。2003 年我国爆发了非典型肺炎的传染性疾病，对旅游业的发展造成了很大的负面影响；2008 年我国举办奥运会，政府对国际入境旅游者采取了限制性措施，再加上国际金融危机的影响，全国的入境旅游市场都受到了很大的冲击。2012～2014 年在全国入境旅游人数有所下降的大背景下，西安的入境旅游者人次数仍然保持了小幅的增长，这点也说明了入境旅游市场对于宏观环境变化的敏感性和易波动性。

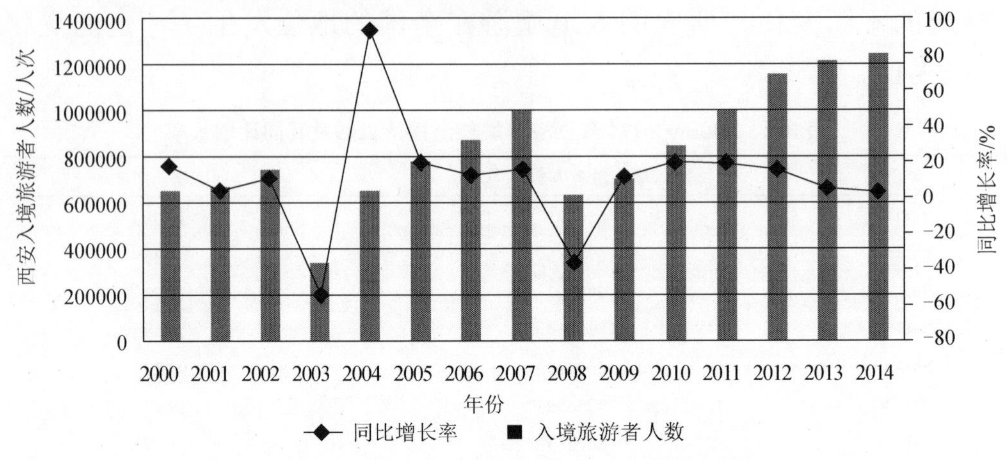

图 3-2　2000～2014 年西安入境旅游者人数及其增长情况

（2）从相对量来看，西安入境旅游人数占全国总的入境旅游接待人数比例较小（表 3-2）。西安近 15 年来接待的入境旅游者人数占全国的比例一直没有突破 1%，2000 年占到 0.77%，2004 年占到 0.60%，2008 年又回落到 0.49%。2010～2014 年从 0.63%上升到 0.97%，可以说取得了比较明显的上升，但占全国接待入境旅游者的比例仍没有超过 1%。与北京、上海和深圳等城市相比，差距则更为明显（图 3-3）。其中北京大致占到 3%，上海近些年变化较明显，从 2000 年的 2.17%到 2010 年的 5.49%，2014 年的 4.07%；深圳在 2000 年接待的入境旅游者人数占全国的 4.77%，2004 年增加到 5.13%，2014 年则上升到 9.20%。西安和昆明等西部旅游热点城市类似，都属于在全国入境市场接待比例较小的城市，且增幅不明显。成都在近年的入境旅游接待人次上有明显的增长态势。从全国主要城市排名来看，西安在入境旅游接待数量上则出现了位次不断落后的境况，从 2000 年的第 8 位、2004 年的第 10 位，落至 2008 年的第 20 位和 2009 年的第 18 位，2013 年有所回升，为第 11 位。从图 3-3 还可以看出，从 2010 年开始，全国几所主要城市接待的入境旅游人数占全国的比例有所下降或增速放缓，说明中国入境旅游流有逐步分散化的趋势。

表 3-2　2000～2014 年部分热点城市接待入境游客占全国总接待量的比例（单位：%）

城市	2000 年	2002 年	2004 年	2006 年	2008 年	2010 年	2012 年	2014 年
北京	3.38	3.17	2.89	3.12	2.92	3.66	3.78	2.84
上海	2.17	2.78	3.54	3.72	4.05	5.49	4.92	4.07
南京	0.50	0.57	0.66	0.81	0.92	0.98	1.23	0.33
杭州	0.85	1.08	1.13	1.46	1.70	2.06	2.50	0.54
深圳	4.77	4.59	5.13	5.60	6.69	7.63	9.11	9.20
昆明	0.62	0.71	0.45	0.57	0.54	0.64	0.86	0.93
成都	0.31	0.41	0.37	0.46	0.36	0.55	1.19	1.54
西安	0.77	0.69	0.60	0.69	0.49	0.63	0.87	0.97

注：根据 2001～2015 年《中国旅游统计年鉴》数据资料整理获得。

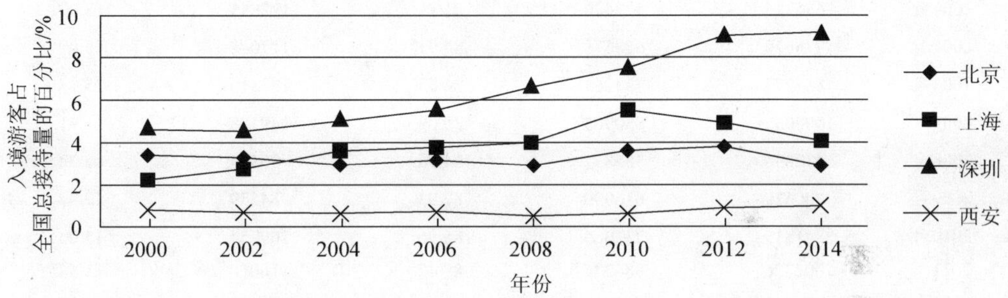

图 3-3　2000～2014 年部分城市接待入境游客占全国总接待量的比例

（3）从客源结构看，西安入境旅游客源结构呈现“倒二八”结构，和全国入境旅游市场所谓的“二八”结构相“背离”。从全国入境旅游市场来看，近年来我国接待的入境游客中，80%来自港澳台地区，外国游客比例不足 20%，全国入境旅游市场呈现出所谓的“二八”结构。与此相反，西安接待的外国游客占西安接待的所有入境旅游者人数的比例大多徘徊在 85%～88%（2003 年除外），来自港澳台地区的游客则大多在 15%～20%，入境旅游客源市场结构呈现出明显的“倒二八”结构（表 3-3）。这可以理解为：西安在吸引占全国入境旅游者人数 80%的港澳台游客方面存在不足，仅仅以其余 20%的外国游客为主要客源市场，其发展空间由此可见。郭峰等（2011）对此问题进行了分析和研究，认为西安与北京和上海有紧密的入境旅游流关系，而与广州、深圳、香港缺乏入境旅游流关系是西安“倒二八”入境旅游市场结构形成的根本原因，并指出西安不仅是重要的入境旅游目的地城市，而且是重要的入境旅游流集散中心城市，是桂林、成都、昆明的重要“二手客源地”。当然，不同客源市场结构对于城市旅游产品设计和开发、旅游消费方式以及旅游服务的满意程度均会产生不同的影响。

表 3-3　西安入境旅游者客源结构

年份	游客接待总量/人次	外国游客数量/人次	外国游客所占比例/%	港澳台地区游客数量/人次	港澳台地区游客所占比例/%
2000 年	650385	545070	83.81	105315	16.19
2001 年	672015	587847	87.48	84168	12.52
2002 年	743282	661470	88.99	81812	11.01
2003 年	336654	255537	75.90	81117	24.10
2004 年	650325	527480	81.11	122845	18.89
2005 年	775620	658578	84.91	117042	15.09
2006 年	867273	733963	84.63	133310	15.37
2007 年	1000063	850905	85.09	149158	14.91
2008 年	632036	535837	84.78	96199	15.22
2009 年	700629	616090	87.93	84539	12.07
2010 年	841819	732065	86.96	109754	13.04
2011 年	1002326	886276	88.42	116050	11.58
2012 年	1153467	1014036	87.91	139433	12.09
2013 年	1211175	1068980	88.26	142195	11.74
2014 年	1242330	1090649	87.79	151681	12.21

3.3.2　入境旅游外汇收入

城市的旅游外汇收入是衡量该城市入境游客消费水平的指标。旅游外汇收入的乘数效应可以反映在城市经济的各个领域，如城市人口就业、居民收入和税收等，因此研究和探讨城市旅游外汇收入及其变动具有积极的现实意义。

从绝对收入来看，近 15 年西安入境旅游外汇收入情况（表 3-4）显示，西安的入境旅游外汇收入总体呈上升趋势，且增幅较大。2000 年为 26000 万美元，2004 年为 33003 万美元，2007 年达到 54300 万美元。2008 年和 2009 年分别下滑为 35956 万美元和 38293 万美元。但是 2010 年迅速回升为 53000 万美元，并且一直保持了稳定的增长。其中 2003 年和 2008 年两年出现了较大幅度的波动，这一点和入境旅游接待人数的变化相吻合。2010 年以后西安旅游外汇收入的增长与人数增长关系不大，可以理解为入境旅游者消费额的明显变化等情况。

表 3-4 2000～2014 年西安入境旅游外汇收入情况

年份	入境旅游外汇收入/万美元	同比增长率/%
2000 年	26000	20.00
2001 年	29002	11.55
2002 年	32000	10.34
2003 年	14637	−54.26
2004 年	33003	125.48
2005 年	40900	23.93
2006 年	46700	14.18
2007 年	54300	16.27
2008 年	35956	−33.78
2009 年	38293	6.50
2010 年	53000	38.41
2011 年	64100	20.94
2012 年	74862	16.79
2013 年	80200	7.13
2014 年	—	—

注：根据 2001～2015 年《中国旅游统计年鉴》《西安统计年鉴》整理获得。由于外汇收入统计口径调整，2014 年数据未公布。

从城市的旅游外汇收入占全国旅游外汇收入的比例来看（表 3-5），西安 2001 年旅游外汇收入占到全国总外汇收入的 1.63%，2005 年占到 1.40%，到了 2009 年反而降低至 0.97%，总体比例呈现出下降的趋势，2010 年后有所上升，2013 年升至 1.55%。北京的旅游外汇收入占全国比例由 2001 年的 16.56%降至 2005 年的 12.35%，最后至 2013 年的 9.28%，总体也呈现出下降的趋势；上海的旅游外汇收入在 2001 年占全国的 10.16%，2005 年达到 12.14%，2010 年上升为 13.84%，2013 年为 10.15%，总体比较稳定；南京和杭州的比例则在近 10 年期间有小幅的上升，但变化不太明显；深圳的旅游外汇收入在全国的比例一直比较稳定；昆明的旅游外汇收入占全国比例一直较低，总体没有突破 1%；成都近几年旅游外汇收入增长较快，2013 年占比 1.32%。可以看出，入境旅游者在中国热点旅游城市消费高度集中的现状有所改变，逐步出现分散化的趋势。

表 3-5 部分城市旅游外汇收入占全国总外汇收入的比例 （单位：%）

城市	2001 年	2003 年	2005 年	2007 年	2009 年	2010 年	2011 年	2012 年	2013 年
北京	16.56	10.94	12.35	10.92	10.98	11.01	11.18	10.29	9.28
上海	10.16	11.79	12.14	11.15	11.96	13.84	11.87	10.98	10.15
南京	1.37	1.83	1.96	1.93	2.11	2.14	2.48	2.72	0.78
杭州	2.10	2.43	2.59	2.69	3.48	3.69	4.04	4.40	4.18
深圳	8.49	7.47	6.86	6.26	6.96	6.90	7.73	8.65	8.77
昆明	0.89	0.65	0.59	0.50	0.55	0.53	0.61	0.68	0.78
成都	0.65	0.58	0.60	0.62	0.55	0.59	0.98	1.26	1.32
西安	1.63	0.84	1.40	1.30	0.97	1.16	1.32	1.50	1.55

在前面分析的基础上，把西安近 15 年接待的入境旅游人数和旅游外汇收入的增长率做折线图并进行对比，发现两个指标的增长趋势比较吻合，其中旅游外汇收入的增长幅度在 2004～2005 年、2009～2011 年较明显地高于入境旅游者人数的增长率（图 3-4）。

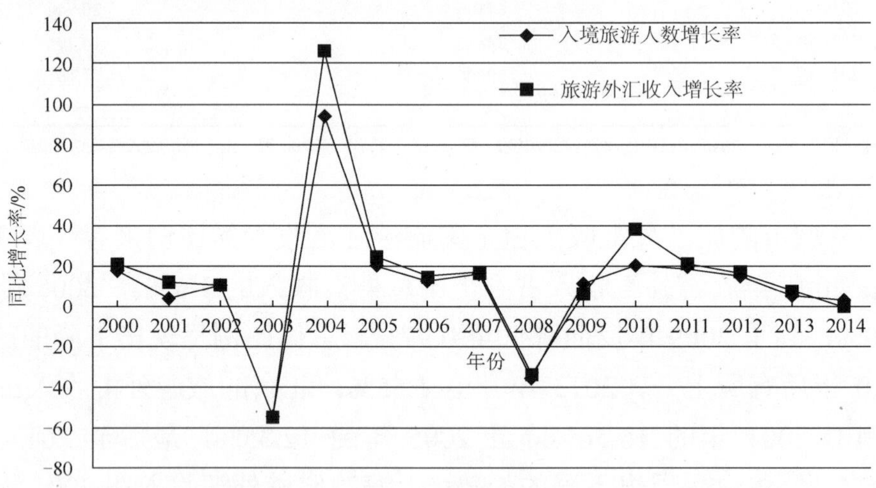

图 3-4 西安入境旅游人数和旅游外汇收入增长曲线图

3.3.3 入境旅游者花费

1）西安入境旅游者人均花费

旅游花费是指旅游者在旅行游览的过程中，通过购买旅游产品和服务来满足个人享受和发展需要所付出的货币支付。人均花费可以更直观地反映出入境旅游者的消费能力，也可以从另一个侧面反映出城市旅游供给的状况。从表 3-6 可以看出，2000～2009 年西安入境旅游者人均花费在 400 美元到 600 美元之间，并且增长幅度不大，2010 年首次突破了 600 美元，和全国的入境旅游者人均消费相比，西安明显高于全国平均水平（图 3-5）。

表 3-6　西安和全国入境旅游者人均花费情况①

年份	西安人均花费/美元	西安人均花费同比增长率/%	全国人均花费/美元	全国人均花费同比增长率/%
2000 年	405.81	—	194.43	—
2001 年	431.58	6.35	199.88	2.8
2002 年	483.75	12.08	208.21	0.0416
2003 年	434.72	−10.14	189.89	−8.8
2004 年	507.5	16.74	236.05	24.31
2005 年	527.33	3.91	243.54	3.17
2006 年	436.18	−17.29	271.72	11.57
2007 年	424.26	−2.73	317.87	16.99
2008 年	569.1	34.24	314.11	−1.18
2009 年	569.07	−0.01	313.7	−0.13
2010 年	629.59	10.63	342.5	9.18
2011 年	639.51	1.58	357.87	4.49
2012 年	649.02	1.49	377.84	5.58
2013 年	662.17	2.03	400.25	5.93
2014 年	—	—	820.09	104.89

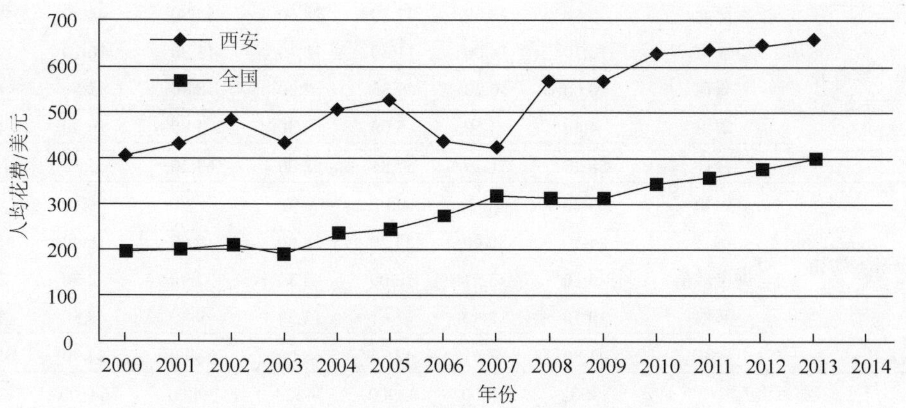

图 3-5　西安和全国入境旅游者人均花费情况比较②

① 2003 年统计数据缺失，表中用加权平均法进行处理。

② 2003 年统计数据根据表 3-6 中加权平均法计算所得绘制。

2）西安入境旅游消费结构

旅游消费结构是指游客在游览过程中所消费的各种类型的消费资料的比例关系。旅游消费是综合性的消费，从其对旅游活动的重要性出发可以分为基本旅游消费（basic needed consumption，BNC）和非基本旅游消费（un-basic needed consumption，UBNC）。所谓基本旅游消费也可以称之为刚性旅游消费，就是指在旅游活动过程中旅游者所必须支付的又相对稳定的消费；非基本旅游消费是指旅游者在旅游活动过程非必需的、弹性较大的消费部分，有时候可以称之为弹性旅游消费。根据国家旅游局的统计口径，旅游外汇收入按照长途交通、游览、住宿、餐饮、娱乐、购物、邮电通信、市内交通及其他（指信息、咨询、旅行社综合服务及保险等）九个部门进行归口统计。鉴于此，本书将交通（包括长途交通和市内交通两部分）、住宿和餐饮、游览作为基本旅游消费项，娱乐、购物、邮电通信及其他作为非基本旅游消费项。非基本旅游消费支出的高低是反映一个地方旅游消费结构是否合理的显性指标，国际上规定其最低警戒线为 30%，一些旅游发达国家已达 60%以上。西安近年的入境旅游者消费结构如表 3-7 所示。

表 3-7　2001～2013 年西安入境旅游者消费结构

年 份		2001 年	2003 年	2005 年	2007 年	2009 年	2011 年	2013 年
基本旅游消费占比/%	交通	30.50	23.69	32.20	28.60	34.80	44.80	40.30
	住宿	12.70	14.00	11.30	12.10	13.70	10.70	12.50
	餐饮	10.60	10.20	9.35	7.00	8.90	3.80	4.90
	游览	4.40	3.50	5.00	4.30	5.80	6.00	6.40
	合计	58.20	51.39	57.85	52.00	63.20	65.30	64.10
非基本旅游消费占比/%	娱乐	3.70	2.80	4.35	3.40	4.70	5.50	7.20
	购物	24.30	30.00	24.20	28.80	19.90	18.40	18.00
	邮电通信	3.10	3.51	6.00	3.30	2.90	2.30	2.00
	其他	10.70	12.30	7.61	12.50	9.30	8.50	8.70
	合计	41.80	48.61	42.16	48.00	36.80	34.70	35.90
总额/万美元		29002	14600	40900	54323	39000	64100	80200

注：根据 2002～2014 年《入境旅游者抽样调查资料》《西安统计年鉴》整理获得。

从表 3-7 可以看出，第一，在 2009 年之前西安入境旅游者的消费结构中基本消费部分比例在 60%以下，2009 年为 63.20%，2009～2013 年一直保持稳步小幅上升，而非基本旅游消费比例一般徘徊在 40%～50%，2009 年开始下降，从 36.80%下降到 2013 年的 35.90%；第二，国际入境旅游作为长途旅游，整体而言，交通、住宿虽然增长幅度不大，但在旅游消费中所占比例始终位居前列，但这两个部门属于与国际接轨外汇漏损较大的部门，对于城市经济的贡献率有限；第三，在比例不大的非基本旅游消费中购物消费比例较大，一般占到 UBNC 的 20%～30%，在 2006 年甚至达到 37.4%。与此同时，娱乐消费所占比例较小，多数情况在 5%以下徘徊。总体而言，西安入境旅游消费结构中，交通、住宿和购物比例位居前三位，其次是餐饮，这在一定程度上反映出西安在入境旅游者参与、互动旅游产品设计开发方面存在不足。

3.3.4　入境旅游者停留天数

入境旅游者在城市目的地的停留天数可以较间接地反映目的地的旅游吸引力大小，包括旅游资源的数量、丰度和品级。一般而言，旅游者在某个目的地的停留天数越多，就意味着该目的地的旅游内容越丰富，因此产生的旅游影响也就越大。这个影响不仅包括经济效应，同时也包括社会文化和环境效应。对于入境旅游流驱动而言，停留天数是一个非常重要的指标因素。根据政府有关部门的权威统计数据，西安城市入境旅游者的停留天数包括人天数和人均停留天数。西安近 15 年来入境旅游者平均停留天数在 2.08～2.92 天（表 3-8），没有突破人均停留 3 天的界限，远远低于北京、上海和南京等城市目的地和全国平均水平。以 2013 年为例，全国接待入境过夜旅游者平均停留天数为 7.9 天，北京为 4.22 天，上海为 3.28 天，南京为 3.42 天，而西安只有 2.90 天。从人均停留天数的增长曲线图（图 3-6）可以看出，西安入境旅游者人均停留天数在过去的 15 年间变化不大，增幅很小，曲线也显得较为平坦。人天数则出现了几次比较大的波动，特别是在 2003 年、2004 年和 2008 年，当然主要的影响因素是入境旅游人次的变化。2004 年西安入境旅游的人天数和人均停留天数均出现较大幅度的增长态势，2003 年和 2008 年则出现负增长，其中 2003 年的负增长更为明显，这些特征产生的原因在此不再赘述。回顾对照西安入境旅游者的消费结构，在西安入境旅游消费中基本旅游消费比例较大、非基本旅游消费比例偏小，并且非基本旅游消费中的购物比例较大，娱乐和其他项目比例较小。这些现实情况都不利于提高入境旅游者在西安的停留时间。

表 3-8　2000～2014 年西安入境旅游者停留天数情况

年份	人天数	人天数同比增长率/%	人均停留天数/天	人均停留天数同比增长率/%
2000 年	1330263	−4.28	2.08	−0.42
2001 年	1674826	25.90	2.49	19.71
2002 年	1812933	8.25	2.44	−2.01
2003 年	824800	−54.50	2.45	0.41
2004 年	1885942	128.65	2.90	18.37
2005 年	2249297	19.27	2.90	0.00
2006 年	2528786	12.43	2.92	0.69
2007 年	2915442	15.29	2.92	0.00
2008 年	1629269	−44.12	2.92	0.00
2009 年	1951437	19.77	2.79	−4.45
2010 年	2416652	23.84	2.87	2.87
2011 年	2870909	18.80	2.86	−0.35
2012 年	3344464	16.49	2.90	1.40
2013 年	3511141	4.98	2.90	0.00
2014 年	3624142	3.22	2.92	0.69

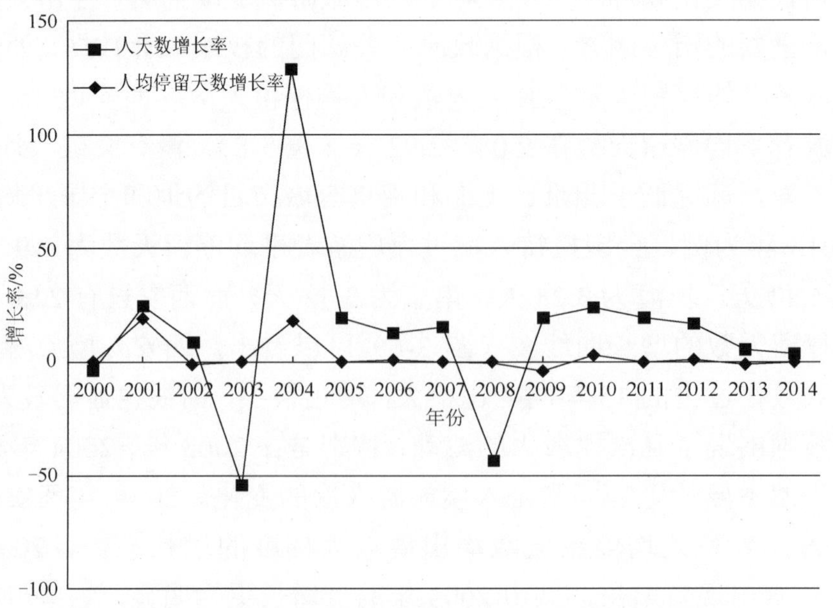

图 3-6　西安入境旅游流人天数和人均停留天数增长率曲线图

第 4 章　城市目的地响应系统分析

4.1　相关概念

4.1.1　旅游目的地的概念

目前为止，国内外学者关于旅游目的地的概念仍然没有达成共识（Saraniemi et al.，2011；于会霞，2010）。世界旅游环境中心于 1992 年给出的定义为："旅游目的地是指乡村、度假中心、海滨或山岳休假地、小镇、城市或乡村公园。人们在其特定的区域内实施特别的管理政策和运作规则，以影响游客的活动及其对环境造成的冲击。"英国学者 Buha Aires 将旅游目的地定义为：一个特定的地理区域，被旅游者公认为一个完整的个体，有统一的旅游业管理与规划的政策司法框架，即由统一的目的地管理机构进行管理的区域（于会霞，2010）。Kotler 从区域范围界定旅游目的地的概念：旅游目的地是那些可吸引旅游者到来，有实际或可识别边界的地方，自然边界、政治边界，甚至是由于市场划分而形成的边界等都可以作为旅游目的地的边界（彭希，2008）。北欧学者 Saraniemi 等（2011）在前人对旅游目的地概念的理解和界定的基础上，提出了从不同视角（经济地理、营销管理、顾客导向、社会文化）来定义旅游目的地的建议。国内学者保继刚等（1999）基于地理学，认为在一定空间上的旅游资源与旅游专用设施、旅游基础设施以及相关的其他条件有机结合起来，就成为旅游者停留和活动的目的地，即旅游目的地。张辉（2002）认为，旅游目的地是拥有特定性质旅游资源以及相应旅游设施和交通条件，具备一定的旅游吸引力，能够吸引一定数量的旅游者进行旅游活动的特定区域，这个特定区域是一种集旅游资源、旅游活动项目、旅游地面设施、旅游交通和旅游市场需求为一体的空间复合体。综合各种不同的界定方法，其共同之处在于都认为旅游目的地是为满足旅游者需求而存在的，旅游目的地是一定的能够提供旅游吸引物、旅游设施和旅游服务等的空间区域。

本书在总结前人研究成果的基础上，将旅游目的地定义为能够吸引、影响现实和潜在旅游需求，具有提供旅游基础设施、专用设施和服务等方面供给的能力，同时具备旅游管理和协调职能的旅游区域。在此定义中，能够吸引现实和潜在旅游需求就说明该旅游区域具有特定的旅游吸引物，它也是旅游目的地供给的核心所在，而对现实和潜在旅游需求的调控则突出了旅游目的地管理功能的实质。就其分类而言，按旅游活动的目的不同，可以将旅游目的地分为观光类、度假型和专项旅游目的地；按空间的范围大小，可以将旅游目的地分为国家型、区域型、城市和景区型目的地；按照产品类型，又可以将旅游目的地划分为传统型和时尚型旅游目的地。

4.1.2 城市目的地的概念

作为旅游目的地的一种类型，城市目的地是随着城市旅游的广泛兴起而发展起来的。关于城市的理解有很多种不同的看法。城市规划学家林奇等（2001）认为，城市可以被看做是一个故事、一个反映人群关系的图示、一个整体分散并存的空间、一个物质作用的领域、一个相关决策的系列或者一个充满矛盾的领域。城市经济学家巴顿（1984）认为，城市是一个坐落在有限空间地区内的各种经济市场，住房、劳动力、土地和运输等相互交织在一起的网状系统。当代中国正处在“城市社会来临”的前期。2005 年，世界平均城市化水平已经达到 57%，中国的城市化水平已经达到 40%，东部沿海一些地区的水平更高(李力行，2010)。如果按照西方发达国家 150 多年的城市化发展规律，城市化平均水平每 20～25 年翻一番的标准预计，在未来的 20 年里，中国的城市化水平将达到 70%左右。城市社会来临的结果是城市间的竞争加剧，城市的可持续发展将成为城市发展战略的重要内容，同时也意味着城市作为旅游目的地，将会在旅游业的发展中占据越来越重要的地位。

城市目的地与其他类型旅游目的地在属性上趋于一致。不同的是城市目的地强调的是城市作为旅游目的地的旅游功能，它不但要具备城市的基本职能，还要承担旅游目的地供给的重要任务。当然，不同的城市目的地会因为城市主要资源类型的不同而有所侧重。城市目的地作为城市旅游的空间载体是一个复杂的系统，其对于入境旅游流的响应也具有一些自身的特征。

4.2　城市目的地响应系统的影响因素

4.2.1　区位条件

城市的区位条件对城市旅游经济发展十分重要，它体现了某个城市与其他城市及区域在空间上的关系，如与主要经济中心、海港、交通枢纽的距离，与周边城市相互作用关系等，它是人文与自然要素的综合。城市区位优势主要形成于交通条件及对外经济联系便利的地区，如靠近河、海港湾及交通干线、边境线，基础设施发达、靠近大城市群的地区，资源地域组合良好的地区以及在全国或大区中位置适中的地区。据此，可将城市区位条件分为沿海、内陆、沿边以及邻近大都市等类型。

随着经济全球化的出现，世界市场对城市经济发展变得越来越重要，而海上交通运输技术的便捷及廉价运输成本，使得被大洋所阻隔的国家和地区之间的经济距离大大缩短。沿海城市经济对世界市场和技术创新反应灵敏，新兴产业得到优先发展，有利于发展外向型经济。在我国东部沿海地区已形成珠三角、长三角和京津冀三大都市密集区，成为与国际接轨的桥头堡和现代化的引擎。此外，沈大城市群、济青城市群、闽东南城市群已具雏形。同时，沿边或者沿江的区位优势对城市经济的发展同样重要，沿边地区是我国与周边国家经济交流的前沿地带，拥有对外贸易的优越地理位置，且由于社会、经济和文化差异明显，具有一定的互补性，在全球化的信息时代，双边经济和文化交流将日益加深，会促进双方共同发展。随着我国加入世界贸易组织和经济全球化发展程度的加深，沿边开放会得到进一步发展，沿边城市的经济增长将呈加速态势。内陆地区是指除沿海和沿边省区以外的广大内陆省份。在我国，内陆地区占全国总面积的 28.64%，资源非常丰富。虽然其既不临海，也不沿边，深居内陆，对外开放条件较差，经济发展水平较沿海省区低，但它有大批的工业城市和工业基地，也是我国国民经济发展的重要推动力量。内陆地区具体可分为沿江河内陆地区、沿线内陆地区和一般内陆地区三种类型。我国长江流域、黄河流域资源丰富，水陆交通比较发达，在历史上就是文化商业发达的地区，易于形成城市群（带），如武汉城市群、成渝城市群、西安城市群等。此外，在铁路沿线如陇海兰新线、浙赣线和京广、京九、哈大线等也形成了城市开发带。我国一般内陆地区处于相对封闭或半封闭地带，基础设施发展滞后，交通十分不便，尤其是西部地区地形险峻，开发环境恶劣，生产力水平落后，交通网稀疏，严重影响了西部地区城市经济的发展和对外交往（张敦富，2005）。城市旅游，特别是入境旅游的发展离不开城市区位条件的影响和限制。现实情况是区位优势明显的城市在发展入境旅游方面具有得天独厚的发展条件。例如，北京、上海、深圳等城市的入境旅游无论是人数和收入都占据了较大比例。

4.2.2 旅游资源禀赋

国外学者通常将旅游资源称为旅游吸引物（tourist attractions），是指旅游地吸引旅游者的所有因素的总和。20 世纪 80 年代初，苏联地理学家普列奥布拉曾斯基从技术经济角度将旅游资源定义为在现有技术和物质条件下，能够被用作组织旅游经济的自然的、技术的和社会经济的因素（吴必虎；2002）。我国学者从 20 世纪 80 年代开始重视对旅游资源概念的探讨，但至今尚未形成一个统一、广为认可的界定。其中，陈传康等（1990）认为“旅游资源是在现实条件下，能够吸引人们产生旅游动机并进行旅游活动的各种要素的总和，它是旅游业产生和发展的基础”。李天元等（1991）认为“凡是能够造就对旅游者具有吸引力环境的自然因素、社会因素或其他任何因素都可构成旅游资源”。郭来喜则认为“凡是能为旅游者提供游览观赏、知识乐趣、度假疗养、娱乐休息、探险猎奇、考察研究以及友好往来和消磨闲暇时间的客体和劳务均可称之为旅游资源”（中国大百科全书总编辑委员会，1984）。杨振之认为旅游资源是指旅游地资源、旅游服务及其设施、旅游客源市场三大要素构成的相互吸引、相互制约的有机系统，是有关三大要素相互间吸引向性的总和（马耀峰，2010）。综合这些概念，其理解有共同之处，即旅游资源都对旅游者有吸引力、能够满足旅游需求、能够为旅游经济活动服务。作者认为，凡是对旅游者具有吸引力、能满足旅游需求，可以被旅游活动所利用，并能够产生经济、社会和环境效益的各种现实的和潜在的要素，都是旅游资源。

旅游资源禀赋是指旅游资源自身的特征和本质属性。依上所述，旅游资源涵盖的内容丰富、数量庞杂，按照旅游资源禀赋对其进行分类研究就成为一种必要。现在普遍运用的两分法，从学术研究的角度将旅游资源分为自然和人文两个大类，两个大类下面又分为多种类型。经过数十年的实践和理论探讨，2003 年由中国科学院地理科学与资源研究所和国家旅游局规划发展与财务司起草，国家质量监督检验检疫总局发布了《旅游资源分类、调查与评价》（GB/T 18972—2003）国家标准，标准中将旅游资源分为 8 个主类、31 个亚类、155 个基本类型。该国家标准分类体系的主要依据是旅游资源的禀赋特征（客观存在的状况、形态、特性和特征）。城市因为所处的地理区位和历史发展轨迹不同而在其旅游资源特征和属性上呈现出差异性，因此有学者依据城市旅游资源禀赋将城市目的地划分为历史文化名城型、自然山水名城型、现代化名城型、宗教文化名城型、少数民族民俗名城型、休闲娱乐名城型和边境贸易名城型等（潘建民，2004）。城市旅游资源禀赋是决定城市目的地响应方式的基础，它会影响到城市旅游形象、旅游规划、旅游产品开发以及旅游方式，甚至影响旅游服务方式等多个层面。

4.2.3　社会经济发展水平

城市社会经济发展水平反映的是一个城市人民生活水准（甚至是综合实力）的高度，即一个城市人均社会财富的拥有量。经济规模是衡量城市经济发展的最直接的标准，它主要通过城市 GDP、人均 GDP、城乡居民人均可支配收入、人均财政收入和金融机构存贷款金额、城镇居民储蓄存贷款余额、固定资产投资额和社会消费品零售额等经济指标以及接待中外游客人次、旅游总收入、外贸出口商品总额和实际利用外资额等经济外向度指标来衡量。经济规模在一定程度上反映了城市的经济发展水平与发展阶段（张敦富，2005）。此外，城市社会经济发展还可以从很多方面来说明，如制度、结构、技术进步、自然条件、地理位置、资源配置、文化教育以及社会福利保障等。其中，文化对城市经济发展的影响，一方面表现为文化本身就是一种可以消费的产品，以物化的形式成为社会物质财富总量，但更主要的是文化能够促进社会经济发展能力的增强，如促进技术进步、知识增长与创新、社会诚信度的提高、投资软环境的改善以及企业家与劳动者优良素质的培养等。可见，城市文化在现代城市经济发展中的作用日趋明显，已经成为城市经济发展的重要支撑条件和核心竞争力。有学者对影响城市经济社会发展水平的因素做了综合评价，如洪璧选取了五大类 26 个指标，采用因子分析法和聚类分析法，以江苏省 13 个城市为案例进行了研究（洪璧，2009）。任何一个城市的社会经济发展都离不开其现实的背景条件，因此城市经济社会发展水平也就具有一定的稳定性。

4.2.4 产业结构

产业结构方面的影响因素包括两个层面，一是城市产业结构，另一个是城市旅游产业结构。城市产业结构指城市各部门与各产业间的内部组成、结构与比例关系，是由该城市区域的优势和全国经济空间布局的总体要求所决定的。合理的城市产业结构要以城市区域优势为基础，城市产业结构内部应具有较强的关联性和动态性，城市经济的发展既依赖于具有优势的专门化产业的快速发展，又需要与其相配套的辅助产业的发展。不同产业间功能的相互关联与互补，形成完整的城市产业结构。城市产业结构中的支柱产业是指在一定时期内能够支撑社会经济在一定水平上发展，或在社会经济跃上新台阶时期能够稳定地成为经济增长点的产业。旅游业在一个城市的经济发展中是否能成为支柱产业对其发展至关重要。城市各级政府往往会对其支柱产业从城市规划、发展战略目标和各项政策方面给予重视和倾斜。

就旅游产业结构而言，尚没有查找到国外的文献资料，国内专家、学者的理解则大同小异。例如，林南枝等（2001）把旅游产业结构定义为旅游行业结构，认为“旅游行业结构是指构成旅游业的饭店、餐饮、交通、运输、旅游景点等各行业和部门在旅游经济中的地位、作用和经济技术上的比例关系”。罗明义（2005）明确提出“旅游产业结构是指旅游业内部各行业间的经济技术联系和比例关系”。王大悟等（1998）指出“旅游产业结构是指旅游经济各部门、各地区、各种经济成分及经济活动各个环节的构成与相互联系、相互制约的关系”，并进一步提出旅游产业结构主要包括旅游地区结构、组织结构、产品结构、所有制结构和行业结构。迟景才则提出“我们旅游部门所要研究的旅游产业结构主要是指研究旅游业内部各行业之间的关系”（罗明义，2005）。可以看出，上述学者对旅游产业结构的定义大多是参考产业经济学中的产业结构定义而提出的。据此，本书中的城市旅游产业结构主要是指城市旅游经济运行中产生的各种行业及其内部之间的经济技术联系和比例关系。每个城市在发展旅游经济的过程中，在旅游产品结构、构成行业之间及其内部结构、组织结构和所有制结构方面都会表现出自己的特点，而这些特点又会在很大程度上影响和制约城市旅游经济的运行和效益成果。因此，注重和提高城市旅游产业结构的合理化和高度化也是完善城市目的地响应系统的良好举措。

4.3　城市目的地响应系统的概念模型构建

城市目的地响应系统是一个复杂、动态的系统。一个城市旅游业的发展牵涉的行业和部门很多，或者说它的关联带动作用很明显。其中利益相关者包括旅游吸引物、旅行社、旅游交通和饭店等，还包括一些辅助和间接影响的部门，如各级旅游行政管理部门、旅游投资者、相关经营者、大学或者学院、行业协会和城市旅游环境监管部门等。这些利益相关者之间有着千丝万缕的联系，共同构成和影响城市目的地响应系统（图 4-1）。

基于上述关系，本书鉴于研究需要，经过分析整理，构建了城市目的地响应系统概念模型，具体包括城市旅游环境子系统、城市旅游接待设施子系统和城市旅游交通子系统、城市旅游服务子系统（图 4-2）。四个子系统共同支撑和构成城市目的地响应大系统，彼此之间相互影响和制约，又都处于动态变化之中。

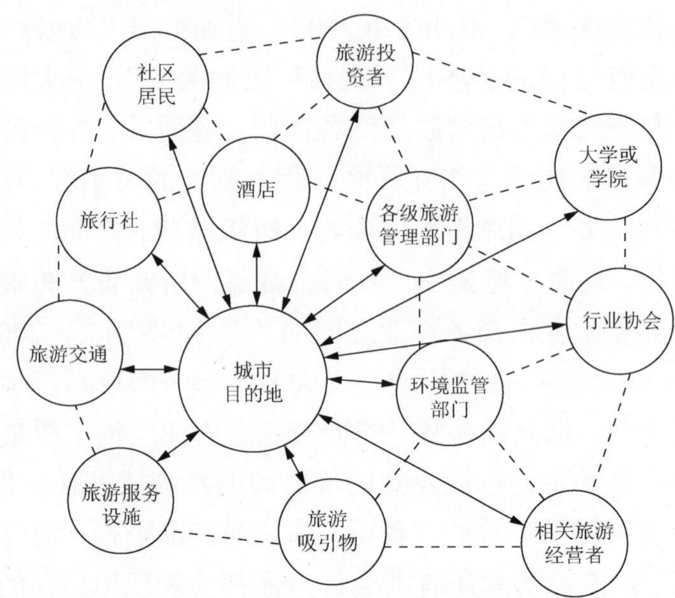

图 4-1　城市目的地供给响应的相关利益群体

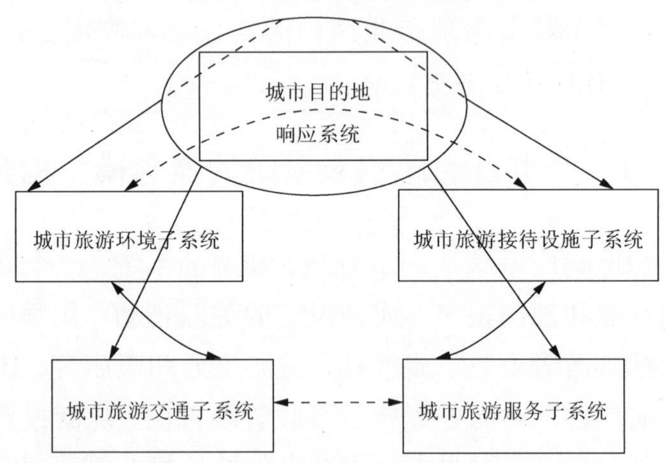

图 4-2　城市目的地响应系统概念模型

4.3.1　城市旅游环境子系统

城市是人类各种活动及相关资源在地理空间上的集聚地。随着城市的发展及其所承载的经济、社会、自然、生态等要素之间的关系日益复杂化，城市环境的内涵也变得日趋复杂。城市环境既包括以自然要素或生物系统为核心的自然生态环境，也包括以人们居住、生活为核心的城市人文环境。城市旅游环境和城市环境既有区别又有联系，城市环境的外延要大于旅游环境，两者有不同的侧重点。城市旅游环境更多地强调城市旅游业发展所牵涉的环境因素。关于旅游环境的概念有很多版本，不同的研究者从不同的学术角度给出了不同的定义。冒超球指出“旅游环境指的是与旅游业相关的周围条件、气象和配套设施，包括城建、通信、交通、口岸管理等以及公民的旅游意识、友好氛围等各个方面”（马丽娟，2011）。陈传康指出，旅游是由山（风景地貌和地貌构景）、水（水景和水文取景）、林木（绿化和园林生态）、建筑、天气变化以及人文特色等和谐地组合起来的场所（王琦，2008）。王湘（2001）则提出旅游环境是指以旅游系统为中心，影响其产生与发展的各种自然和社会因素的综合总体，它从属性上可以分为自然环境和社会环境，两者共同构成旅游环境系统。颜文红等将旅游环境定义为以旅游活动为中心的，涉及旅游目的地、旅游依托地，并由自然和人文社会环境构成的复合系统（刘玲，2008）。由此可以看出，学者们对于旅游环境的认识具有共性，即普遍认为旅游环境系统主要由自然环境和人文环境两个子系统构成。城市旅游环境一个最重要的前提就是以旅游活动为中心，其系统同样包括城市旅游所涉及的自然和人文环境两个部分。

本书涉及的城市旅游环境主要包括城市自然、人文社会和经济环境三个方面。

城市自然环境主要的影响因素包括城市的气候、地质、地形与地貌、水系及其动植物资源等。自然环境一方面是城市生命力和可持续发展力之所在，另一方面也是旅游资源构成的重要因素，拥有良好的自然环境是城市发展旅游业的前提条件，城市自身的自然环境也是吸引游客到来的一个至关重要的影响因素。城市入境旅游的自然环境主要涉及城市绿化覆盖率、人均公共绿地面积、森林覆盖率、空气质量和噪声控制等。此外要提高城市旅游景区的吸引力，旅游景区地质地貌优美和奇特的程度、气象气候（即舒适度等）、水文和生物多样性等各方面都是应该关注的内容。

人文社会环境主要涉及城市的历史沿革、文化内涵、人口素质（总量、密度、受教育程度等）和社会心理淀积。社会心理淀积是指一个地方的民俗风情、社会风貌，是一个地方政治、经济、文化、社会的综合反映和集中体现。人文社会环境首先表现为政治稳定、社会安定，城市居民能够安居乐业并具有安全感和归属感。旅游业是一个波动性很强的产业，社会环境的优劣直接影响它的发展。旅游城市的社会治安、刑事案件发生率、旅游事故发生率等都是影响入境旅游者旅游决策的重要因素。其次，它还囊括了城市的文化底蕴、城市精神、市民好客程度等，这些也是旅游资源，它能让旅游者在此地旅游产生一种宾至如归的感觉，对城市产生一种亲和力。城市目的地拥有深厚的文化底蕴和特色的旅游文化资源就意味着拥有了相对的竞争优势。再次，政府对于发展入境旅游的政策倾向也是重要的社会环境因素，这可以直接影响政府对旅游业的投资力度、旅游政策法规的完善程度、旅游目的地的营销力度和旅游市场的规范程度等。如果城市政府重视入境旅游的发展，颁布积极的相关政策，无疑是对城市入境旅游发展的一大推进，能极大完善城市的旅游环境。最后，人才也是入境旅游发展不可忽视的社会环境因素。体验经济时代的入境旅游发展归根结底是人才的竞争，是知识、技术、信息的竞争，其中人才的竞争是根本。这里的“人才”不是专指旅游人才，因为旅游业是一项关联度非常高的产业，所以需要多方面的人才来为它服务。城市中人才数量的多少、质量的高低对城市旅游社会环境有决定性的作用。

经济环境主要是城市的经济发展水平。城市经济发展水平在很大程度上决定了城市基础设施的投入和完善程度、城市旅游开发的投资能力、景区开发的规模和水平、居民的生活水平和文明程度等。经济发达使得旅游投资能力大、开发规模大、旅游接待能力强、开发方向多元化，即使该城市没有优质的旅游资源，也可通过人造景观来弥补。例如，深圳城市经济发展水平高，通过大量投资建设“世界之窗”“欢乐谷”和“锦绣中华民俗文化村”等大型主题公园来吸引大量游客，其旅游业的接待人数和收入均居全国前列。相反，西部地区很多城市尽管旅游资源丰富，但经济相对落后，基础设施差，旅游经济发展水平低，难以吸引大量旅游者。一般而言，经济发展水平较高的城市在旅游交通、食宿和专用设施方面更能满足旅游者的需求。另外，经济活跃的城市还可以发展商务旅游、会议旅游、购物旅游等多种旅游形式，丰富旅游产品，满足不同层次的旅游需求。

4.3.2　城市旅游接待设施子系统

城市旅游接待设施子系统主要包括城市旅游基础设施和旅游专用设施。旅游基础设施包括城市的供水、供电、供气、污水处理、供热、电信和医疗系统，旅游区地上和地下建筑，如机场、码头、道路、桥梁、铁路和航线等各种配套工程。城市旅游专用设施包括旅游交通运输设施、住宿餐饮设施、游览娱乐设施和旅游购物设施等。旅游交通运输设施具体包括旅游车、船、景区道路、停车场、索道及索道站、游览车等专用设施；住宿餐饮设施包括饭店、招待所、修养场所、野营度假地和旅游特色餐馆等；游览娱乐设施主要包括旅游景区（点）、娱乐场、滑雪场、海水浴场和溜冰场等；旅游购物设施则主要包括旅游纪念品商店、旅游购物店和摄影服务门店等。

城市基础设施的存在和功能不仅仅服务于旅游业的发展，更是城市发展和居民生活的必要部分，城市基础设施的不断完善是一个相对长期、稳定的过程。从旅游供给的角度看，城市基础设施属于非弹性供给部分；鉴于研究的重点是入境旅游流驱动和城市目的地响应系统的耦合协调关系，本书的旅游接待设施系统主要是指旅游专用设施，也就是说主要涉及旅游景区（点）、旅行社、饭店以及其他相关旅游娱乐购物设施的投入部分。

4.3.3　城市旅游交通子系统

城市旅游交通泛指游客赖以实现其空间转移的客运设施和设备。城市旅游交通依照区域范围的不同划分为“大交通”和“小交通”。“大交通”指外向型的空间大尺度交通，如城市航空、铁路、公路运输和水上运输；“小交通”主要包含市内交通和景区（点）间交通。一个城市交通运输设施的完善程度决定着其作为旅游目的地的可进入性程度以及旅游者在该区域的流动便捷性。旅游者在城市目的地内不同地点之间的往来不仅仅涉及空间距离的问题，而且更重要的是涉及其中时间距离和体力支出问题。游客在城市目的地旅游是否能够快速便捷地完成空间的移动不仅取决于交通运输工具的进行程度，同时也取决于交通运输规划和管理的效率。因此，城市目的地对外交通的通达性和内部交通的便捷性是影响目的地供给的重要环节，也是考量城市旅游业竞争力和发展潜力的重要方面。

4.3.4　城市旅游服务子系统

在城市旅游服务方面，人力资源是至关重要的决定性因素。在市场经济生产要素的配置中，人力资源的概念是与自然资源相比较而提出的。人力资源是指在一定范围内能推动政治、经济和社会发展的具有智力和体力的人口的总和。从内容上看，人力资源包括四个方面，即劳动者的体质、智力、知识和能力。旅游人力资源是指能够推动整个旅游业发展的所有从业劳动者的能力。根据旅游业的劳动分工和作用不同，可以把旅游人力资源划分为管理人员、技术人员和服务人员三类。管理人员是指在旅游业从事行政、经济管理的从业人员，包括旅行社、饭店、旅游交通运输部门的管理和财会人员，政府旅游管理部门的工作人员。技术人员包括从事旅游行业的各种专业人员，如计算机、网络技术人员等。服务人员则是在旅游企业中直接或者间接从事服务的工作人员，如导游、客房服务员、餐饮服务员、采购员、水暖电工、洗衣工、保洁人员、旅游车司乘人员和修理搬运工等。除此之外，城市旅游人力资源的供给系统还包括大中专院校旅游管理专业的学生，其在一定意义上称为潜在旅游人力资源的供给。

4.4　西安城市目的地响应的实证分析

西安城市目的地在旅游供给响应方面的资料和数据收集相对而言比较困难，来源也较分散，主要有以下几个方面：一是政府权威部门发布的统计数据，包括 2001～2015 年的《中国旅游统计年鉴》《中国旅游统计年鉴（副本）》《西安统计年鉴》以及《陕西统计年鉴》等；二是政府工作报告，如西安市旅游局的年度工作报告；三是西安市政府的城市规划、旅游规划文本等政策性文件；四是各类和旅游相关的网站，如西安市人民政府网（http://www.xa.gov.cn）、西安旅游网（http://www.xian-tourism.com）和西安市统计局网站（http://www.xatj.gov.cn）等。

4.4.1 旅游环境

1）自然环境

西安市位于黄河流域中部关中盆地，地理坐标为 107.40°E～109.49°E 和 33.42°N～34.45°N；东以零河和灞源山地为界，与华县、渭南市、商州市、洛南县相接；西以太白山地及青化黄土台塬为界，与眉县、太白县接壤；南至北秦岭主脊，与佛坪县、宁陕县、柞水县分界；北至渭河，东北跨渭河，与咸阳市区、杨凌区和三原、泾阳、兴平、武功、扶风、富平等县（市）相邻。辖境东西长约 204km，南北宽约 116km，面积为 9983km^2，其中市区面积为 1066km^2。西安市海拔高度差异悬殊，位居全国各城市之冠。巍峨峻峭、群峰竞秀的秦岭山地与坦荡舒展、平畴沃野的渭河平原界线分明，构成西安市的地貌主体。秦岭山脉主脊海拔 2000～2800m，其中西南端太白山峰巅海拔 3867m，是大陆中部最高山峰。渭河平原海拔 400～700m，其中东北端渭河河床最低处海拔 345m。西安城区便建立在渭河平原的二级阶地上。

西安属暖温带半湿润大陆季风气候，雨量适中，四季分明。冬季寒冷、风小、多雾、少雨雪；春季温暖、干燥、多风、气候多变；夏季炎热多雨、伏旱突出、多雷雨大风；秋季凉爽、降温明显。年平均气温 15℃左右，最冷的 1 月份平均气温在 0℃左右，最热的 7 月份平均气温在 26℃左右；年降水量为 500～750mm，主要集中在夏秋两季；全年日照时间在 1500h 左右，无霜期为 208～230 天；年最多风向为东北风。

生态环境方面，西安北濒黄河水系最大的支流——渭河，南有被称为中国国家公园的秦岭，自然景观内容丰富、储量大、品级高。近年来，西安城市建设投入力度逐年加大，城市基础设施条件进一步完备，城市道路、绿化、供气、供水、供电、供热、通讯、污水和垃圾处理条件进一步完善，城市综合服务功能明显提升。通过实施“大水大绿”和“蓝天碧水”工程，重现“八水绕长安”的胜景，人居环境质量显著改善。

西安市政府先后出台了一系列的政策法规促进城市整体生态环境的提升，不仅对道路进行了绿化（包括一环、二环的绿化），还先后建成了大批城市公园，包括青龙寺公园、西郊公园和文景公园等，增加了张家堡绿化广场、南门、大雁塔南北广场以及曲江芙蓉园、汉城湖公园、大唐城墙遗址公园等。截至 2015 年，西安建成区绿化覆盖率从 2000 年的 33.3%上升到 42.04%；人均公园绿地面积从 2000 年的 5.12m^2 增加到 2015 年的 11.00m^2；与居民生活息息相关的空气质量，二级以上天数从 2000 年的 170 天上升到 2009 年的 304 天，2013～2015 年受全国大环境影响，空气质量二级以上天数下降，分别为 138 天、211 天和 251 天（图 4-3，图 4-4）。

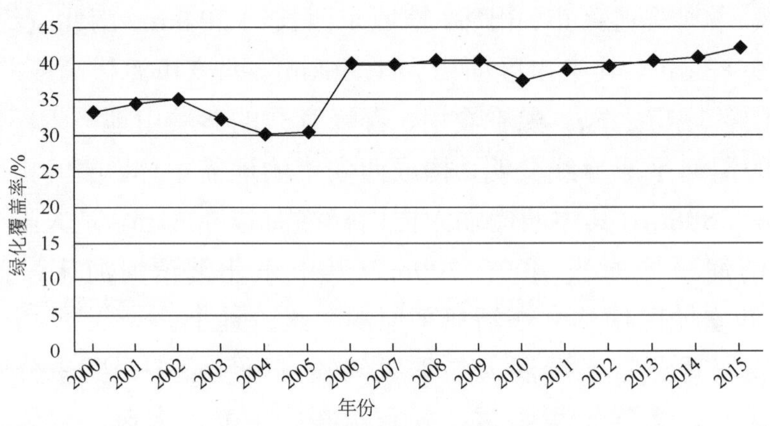

图 4-3　近年西安市建成区绿化覆盖率变化情况

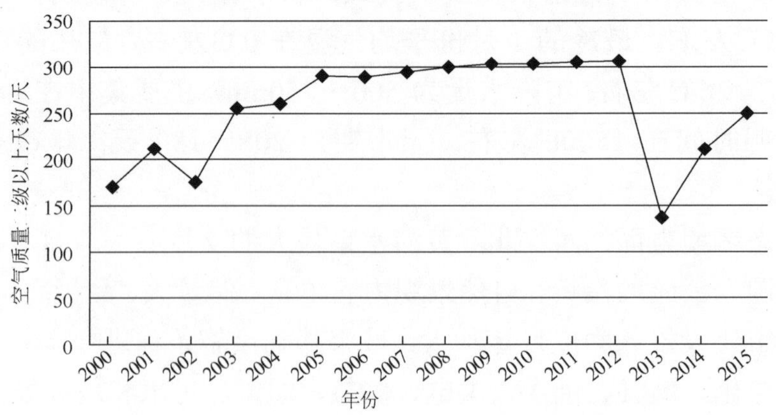

图 4-4　近年西安市空气质量二级以上天数变化情况

2）社会环境

西安市是陕西省省会、副省级城市，是陕西省的政治、经济、文化中心。西安是历史悠久的世界历史文化名城，是举世闻名的世界四大古都之一，居中国古都之首，是中国历史上建都时间最长、建都朝代最多、影响力最大的都城。远古时代，“蓝田猿人”就在这里繁衍生息，新石器“半坡先民”在此建立部落；公元前十一世纪，周文王在沣河两岸建立丰、镐二京，从此揭开了西安千年帝都的辉煌史；有着 3100 多年的建城史和 1200 多年的建都史，先后有周、秦、汉、唐等 13 个王朝在这里建都，享“秦中自古帝王州”之美誉。西安曾经是中国政治、经济、文化中心和最早对外开放的城市，著名的“丝绸之路”以西安为起点，“世界八大奇迹”之一的秦始皇兵马俑展示了这座城市雄浑、厚重的历史文化底蕴。悠久的历史文化积淀使西安享有“天然历史博物馆”之美誉。文物古迹种类之多、数量之大、价值之高，在全国首屈一指，其中许多是国内仅有、世界罕见的稀世珍宝。

文化环境方面，人口文化素质的提高不仅为旅游产业的发展提供知识储备和人才支撑，也为旅游观念的更新和产业意识的觉醒创造条件。西安人力资源存量优势明显，高等院校和研究机构云集，文化人才储备雄厚。截至 2015 年，全市普通高校 63 所，在校学生 75.75 万人，毕业生 20.72 万人，另有研究生培养单位 43 个，在校研究生 9.14 万人，毕业生 2.53 万人；普通中学 422 所，在校学生 41.37 万人，毕业生 13.92 万人；小学 1234 所，在校学生 56.62 万人，毕业生 7.85 万人。小学、初中学龄人口入学率分别为 99.98%和 99.79%。全市大专以上学历人口 82 万，占全市总人口的比例为 10.92%，位列全国第一。全市 18 岁以上成人接受教育比例居全国首位。这里聚集了中国航天三分之一以上的力量，“神舟”五号、六号火箭发动机和推进剂、箭载计算机和遥感装置等，都是在西安研究制造的。

3）经济环境

伴随着西部大开发的进程，近些年西安的经济保持着持续高速的发展。2015 年西安国内生产总值（GDP）达到 5810.03 亿元（表 4-1），比上年增长 8.2%。其中，第一产业增加值为 220.20 亿元，增长 5.0%；第二产业增加值为 2165.54 亿元，增长 6.8%；第三产业增加值为 3424.29 亿元，增长 9.5%。第一产业增加值占地区生产总值的比例为 3.8%，第二产业增加值比例为 37.3%，第三产业增加值比例为 58.9%。2015 年西安市人均 GDP 达到 66838 元，人均可支配收入达 27844.9 元，比 2000 年增加了 4.37 倍（图 4-5）。经过多年发展，西安目前已建成了以机械设备、交通运输、电子信息、航空航天、生物医药、食品饮料和石油化工为主的门类齐全的工业体系，培育了高新技术产业、装备制造业、旅游产业、现代服务业和文化产业等五大主导产业，形成了高新技术产业开发区、经济技术开发区、曲江新区、浐灞生态区、阎良国家航空高新技术产业基地、西安国家民用航天产业基地、国际港务区和沣渭新区八大发展平台。其中，高新区已被国务院确定为六个创建世界一流科技园区的开发区之一，经济技术开发区全力打造泾渭工业园千亿元制造业基地，曲江新区是两个国家级文化产业示范区之一，浐灞河生态区成功筹办了 2011 年世界园艺博览会。这些开发区（基地）是西安主导产业的集聚地、引领全市经济发展的增长极和现代化城市建设的示范区。2009 年 6 月，国家发展和改革委员会批复了《关中-天水经济区发展规划》（以下简称《规划》）。《规划》从国家层面对西安的定位是：着力打造国际化大都市，到 2020 年，都市区人口发展到 1000 万人以上，主城区面积控制在 800km^2 以内，把西安市建设成国家重要的科技研发中心、区域性商贸物流会展中心、区域性金融中心、国际一流旅游目的地以及全国重要的高新技术产业和先进制造业基地。《规划》的实施标志着“关中-天水经济区”已成为国家级经济区，西安将在国家区域发展中担当重要的战略角色。2013 年国家“丝绸之路经济带”战略的提出对西安经济的发展是很好的机遇。

表4-1 西安市经济发展主要指标变化情况

年份	GDP/亿元	人均 GDP/元	人均可支配收入/元
2000年	646.13	9484	6364
2001年	743.86	10628	6705
2002年	826.68	11831	7184
2003年	946.66	13341	7748
2004年	1102.39	15294	8544
2005年	1270.14	16406	9628
2006年	1450	18890	10905
2007年	1737.1	22463	12662
2008年	2190	27794	15207
2009年	2719.1	32411	18963
2010年	3242.86	38357	22244
2011年	3869.84	45561	25981
2012年	4394.47	51499	29982
2013年	4924.97	57464	33100
2014年	5492.64	63794	25599.2
2015年	5810.03	66838	27844.9

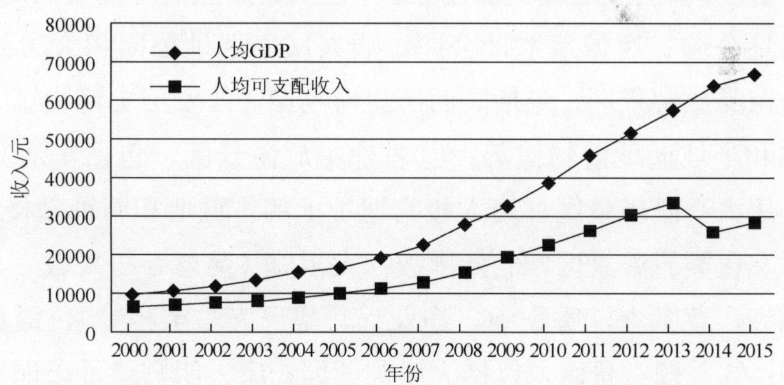

图4-5 2000～2015年西安人均GDP和人均可支配收入变化情况

4.4.2 旅游接待和服务

1）旅游景区（点）

旅游景区（点）作为城市目的地旅游吸引物的核心，在目的地响应系统中占据重要的地位。景区（点）的建设依托于当地的旅游资源，其丰度、品级和特征决定了旅游景区（点）开发形成的方式和特征。西安作为典型的历史文化型城市，在旅游资源禀赋上有其显著特点。2003年，陕西师范大学和西安交通大学按照国家标准《旅游资源调查、分类与评价》（GB/T 18972—2003），对西安市旅游资源做了全面系统的调查，共调查了西安市2093个旅游资源单体，分七大类，23个亚类，89个基本类型，分别占到全国相应类别的87.5%、74.2%和57.4%。这些足以说明西安是一个旅游资源总量丰富、类型多样的城市旅游目的地。值得一提的是西安文化遗产极为丰富，境内有重点文物保护单位314处，其中国家级重点文物保护单位34处，省级重点文物保护单位72处，馆库藏文物12万余件。截至2014年，西安市一共有74个A级景点，其中包括6处世界文化遗产，3处国家5A级景区，20处4A级景区，35处3A级景区和7处国家级森林公园和6处国家自然保护区（表4-2）。目前也形成了一批在国内外具有知名度的品牌景区，建成和在建的有六大类重要旅游区：①历史遗存类旅游景区，包括秦始皇兵马俑及其遗址公园、汉城遗址公园、唐城墙遗址公园、唐兴庆宫遗址公园和大唐西市等；②博物馆类旅游景区，包括陕西历史博物馆、西安历史博物馆、汉阳陵博物馆和半坡遗址博物馆等；③古建类旅游景区，包括华清宫及骊山景区、唐大小雁塔景区、唐太极宫遗址上的古城墙和明钟鼓楼景区等；④宗教文化类旅游景区，包括佛教六大祖庭（慈恩寺与兴教寺、兴善寺与青龙寺、草堂寺、香积寺、净业寺、华严寺与至相寺）、悟真寺和卧龙寺等；⑤主题类景区，包括大唐芙蓉园、唐大明宫遗址公园等；⑥山岳生态景观类，包括太白山国家森林公园、翠华山国家地质公园、南五台山、朱雀国家森林公园等①。2009年8月，西安秦岭终南山申报世界地质公园成功，拥有了世界级的地质公园。所有这些都凸显了西安旅游吸引物的丰度和品级特征。

---

①《关于将西安建成国际一流旅游目的地城市的研究报告》，西安旅游业发展研究课题组，2009.2.

表 4-2　西安市 3A 级以上景区名录

景区类型	景区名称
5A 级景区	秦始皇兵马俑博物馆（世界文化遗产）、华清池景区、曲江大雁塔-大唐芙蓉园景区
4A 级景区	骊山国家森林公园、碑林博物馆、陕西历史博物馆、西安城墙、翠华山旅游风景区、西安曲江海洋公园、太平国家森林公园、西安秦岭野生动物园、大唐西市文化景区、关中民俗艺术博物院、半坡博物馆、西安博物院（小雁塔）、大明宫国家遗址公园、西安世博园、西安曲江楼观道风景区、汉城湖景区、黑河旅游景区、浐灞国家湿地公园、王顺山景区、汤峪旅游度假区
3A 级景区	草堂寺、水陆庵、临潼博物馆、大兴善寺、秦岭大坝沟景区、重阳宫、朱雀国家森林公园、八路军西安办事处纪念馆、祥峪森林公园、常宁宫休闲山庄、陕西自然博物馆、西安蓝田猿人遗址、广仁寺、阎良航空科技馆、金龙峡、秦陵地宫、鸿门宴博物馆、杨虎城将军陵园、高陵奇石博物馆、世界八大奇迹馆、户县钟馗故里、万华山朝阳景区、青龙寺遗址景区、大秦温泉、大汉上林苑生态景区、灞桥生态湿地公园、万花山景区、流峪飞侠生态旅游区、沣东现代都市农业博览园、沣东沣河生态景区、白鹿原葡萄主题公园、广新元民族村、辋川溶洞风景区、石羊农庄生态休闲观光园、蔡文姬纪念馆

注：根据西安市旅游局官方网站资料整理。

2）饭店业

饭店业曾经被称为旅游业的“三大支柱”之一，旅游城市饭店的数量和服务质量不仅是旅游业发展，更是旅游供给水平的重要标志之一，饭店的国际化程度和服务管理质量对入境旅游者的目的地感知评价非常直观。西安的饭店业和全国一样，发展先后经历了作为外事接待附属阶段、数量扩张阶段和相对成熟阶段。随着旅游经济不断深化和发展，西安的饭店业无论是数量还是规模、质量上都有了较大的提高。作为入境旅游接待设施的主要构成部分，星级饭店的经营状况和变化情况更为突出且具有代表性（表 4-3）。

表 4-3　西安市星级饭店数量和经营情况

年份	数量/座	固定资产/万元	营业收入/万元	营业税金/万元	从业人员/人
2000 年	36	254574.47	16529.04	1381.25	13801
2001 年	32	333442.8	86870.84	4286.1	10696
2002 年	63	435058.64	125111.83	6251.32	13216
2003 年	59	381052.35	93493.84	3875.9	12103
2004 年	102	582146	50048.9	7859	20619
2005 年	81	537756.12	102565.47	7846.97	18020
2006 年	87	606309.44	110812.63	9838.58	21351
2007 年	100	658181.2	138957.71	12760.38	26072
2008 年	112	350557.69	134816.92	1244	9069
2009 年	112	386717.69	135219.9	4152.79	13034

续表

年份	数量/座	固定资产/万元	营业收入/万元	营业税金/万元	从业人员/人
2010年	83	726636.37	265239.65	14055.54	22507
2011年	67	519707.62	211621.02	11283.23	14724
2012年	66	546062.98	202992.3	11155.12	14752
2013年	69	566444.69	199169.57	10776.41	14034
2014年	94	796044.69	241374	15393.59	18406

注：根据2001～2015年《中国旅游统计年鉴（副本）》整理获得。

从纳入统计范围的星级饭店来看，2000年纳入统计范围的星级饭店共计36家，共实现营业收入总额16529.04万元，客房平均价格210元/（间·天），客房平均出租率67%。2004年，纳入统计范围的星级饭店102家，营业收入50048.9万元，客房平均出租率为60%。2009年，纳入统计范围的星级饭店112家，营业收入135219.9万元，客房平均出租率64%。2014年，纳入统计范围的星级饭店94家，营业收入241374万元，客房平均出租率56.01%，客房平均价格189.63元/（间·天）。截至2015年，全市有星级饭店98家，其中五星级饭店11家，四星级饭店24家，三星级饭店55家和二星级饭店8家，平均房价357.36元/（间·天），平均出租率53.88%，总床位数超过3.5万个。西安星级饭店数量从2009年持续下滑，至2013年开始回升，由盈利状态至亏损到目前慢慢盈利。除此之外，尚未定星级但是具备接待条件的饭店也有数百家，全市接待总床位数超过20余万。

3）旅行社

旅行社在旅游产业中有着特殊的地位和作用，它是联系旅游者和旅游供给者之间的桥梁和纽带。在我国，旅行社的发展也经历了相对曲折的历程。就其分类而言，1985年《旅行社管理暂行条例》将我国旅行社分为一类社、二类社和三类社。其中一类社是指经营对外招徕，并接待外国人、华人、华侨或港澳台同胞来中国或内地旅游业务的旅行社；二类社是指不对外招徕，只经营接待第一类旅行社或其他涉外部门组织的外国人、华人、华侨或港澳台同胞来中国或内地旅游业务的旅行社；三类社是指经营中国公民国内旅游业务的旅行社。1996年颁布的《旅行社管理条例》将旅行社分为国际旅行社和国内旅行社。其中国际旅行社可以经营出入境旅游业务、国内旅游业务，而国内旅行社只能经营国内旅游业务。2009 年 5 月开始实施的《旅行社条例》则根据是否可以经营出境旅游业务，将我国旅行社分为两大类，一类是可以经营国内业务和入境业务的旅行社，另一类是可经营国内业务、入境业务和出境业务的旅行社。

总体而言，西安的旅行社数量在近年稳步增长，但幅度不大，特别是一直以来以经营出入境旅游为主的国际旅行社。2000 年西安市仅有国际旅行社 26 家，到 2008 年增长至 41 家（表 4-4）。从 2009 年起，旅行社数量及从业人员统计数据不再区分国内社和国际社，故表 4-4 的统计数据自 2009 年起不再区分国内社和国际社。从表中还可以看出，截至 2014 年，西安市共有旅行社 344 家，从业人员 5588 人，从 2000 年至 2014 年，西安旅行社数量与从业人员整体呈增长趋势。西安 2014 年由旅行社接待的海外旅游者 86.9 万人次，占全部接待海外旅游者的 69.99%，外联人数 50.3 万人次，占全部接待海外旅游者 40.54%[①]。这些指标可以较直观地反映出西安市的旅行社对于入境旅游接待的重要性和地位。对于大众国际入境旅游者而言，当地旅行社服务质量的优劣会直接关系到游客对城市目的地的感知评价。旅行社旅游产品开发、组织安排的科学性和合理性也会对城市目的地响应系统的正常运转起到积极的作用。

表 4-4　2000～2014 年西安旅行社数量和结构变化情况

年份	数量/家		从业人员/人	
	国内社	国际社	国内社	国际社
2000 年	129	26	2003	2339
2001 年	149	26	2309	1757
2002 年	144	28	1996	2716
2003 年	155	27	2149	2839
2004 年	168	32	1950	2330
2005 年	188	27	2028	2303
2006 年	212	32	2504	2487

① 西安市旅游局统计资料，2015。

续表

年份	数量/家		从业人员/人	
	国内社	国际社	国内社	国际社
2007 年	217	36	2018	2896
2008 年	226	41	2249	2649
2009 年	274		4594	
2010 年	333		4904	
2011 年	310		4740	
2012 年	—		—	
2013 年	349		4833	
2014 年	344		5588	

注：1. 数据来自 2001～2015 年各年的《中国旅游统计年鉴（副本）》；

2.《中国旅游统计年鉴（副本）2013》中，无 2012 年西安市旅行社数量及从业人员统计数据。因暂无其他准确统计数据，故表中 2012 年的统计数据缺失。

4）旅游服务

旅游服务质量的优劣对城市目的地入境旅游的发展非常重要，它直接影响游客的感知和评价。旅游服务的主体是从业人员，其核心是旅游业人力资源供给。鉴于旅游服务供给不好量化分析，特选取旅游业中主要行业的从业人员数量指标变化来反映旅游服务供给要素。西安旅游从业人员在过去的 15 年中也有了很大的变化。据统计，2014 年西安旅行社从业人员 5588 人，比 2000 年增长了 28.7%；饭店从业人员 18406 人，比 2000 年增长了 33.4%；第三产业从业人员比例也由 2000 年的 19.51%上升到 33.86%。就主要行业的具体发展情况而言，旅行社和景区从业人员数量比较稳定，每年增幅很小，而饭店从业人员在 2000～2014 年出现了明显的数量变化，其曲线在 2003 年、2005 年和 2008 年都呈现出明显的“V”型波谷，在 2010～2014 年出现“U”型波谷，这几年饭店从业人员的人数较 2010 年都出现明显下滑，但从 2014 年起出现回升（图 4-6）。这和西安城市旅游经济发展中饭店人力资源供给不稳定的实际情况也非常吻合。

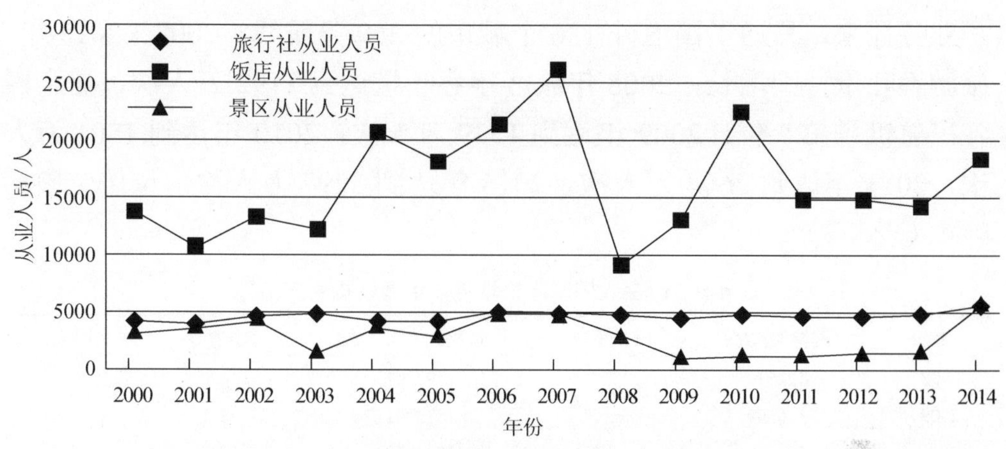

图 4-6　2000～2014 年西安旅游业从业人员数量变化

4.4.3　旅游交通

旅游交通是旅游业六个环节中非常重要的一环，在实现旅游者空间转移、连接线路、组合产品方面发挥着不可替代的作用。在我国改革开放初期，旅游业处于起步阶段，旅游交通虽有一定发展，但运量低、方式单一，更谈不上与市场需求接轨，在一定历史阶段，旅游交通成为旅游业发展的“瓶颈”制约要素。和全国其他城市一样，西安的旅游交通同样经历了从起步、发展到不断完善和改进的过程。西安地处中国陆地版图中心和我国中西部两大经济区域的结合部，是西北通往西南、中原、华东和华北各地市的门户和交通枢纽。在全国区域经济布局上，西安作为新亚欧大陆桥中国段——陇海兰新铁路沿线经济带上最大的中心城市，具有承东启西、连接南北的重要战略地位。西安也是全国连接南北的“大十字”网状铁路交通和陕西省“米”字形铁路交通的重要枢纽，是全国干线公路网中最大的节点城市之一、中国六大航空枢纽之一以及六大通信枢纽之一，枢纽城市特点十分突出。近来随着城市和城市旅游业的发展，西安的旅游交通供给有了很大的改善。

航空交通方面：西安咸阳国际机场位于中国内陆中心，是中国西北地区最大的空中交通枢纽，中国第八大机场，同时也是中国东方航空集团西北公司、海南航空集团长安公司、南方航空集团西安公司、幸福航空的基地机场。目前，西安咸阳国际机场与国内外 48 家航空公司建立了业务往来，开通了国内外 136 个城市的 269 条航线。2008～2015 年，旅游吞吐量持续增长，2008 年旅客年吞吐量达到 1192 万人次，居全国各民航机场第 9 位，2009 年达到 1529 万人次，2010 年达到 1801 万人次，2013 年达到 2604 万人次，2015 年达到 3297 万人次，位居全国第 8 位（表 4-5）。

表 4-5　西安咸阳国际机场近年主要运输生产指标

年份	起降架次/次	增长率/%	旅客吞吐量/人次	增长率/%	全国排名
2008 年	122579	2.7	11922070	4.8	9
2009 年	146599	19.6	15294811	28.3	8
2010 年	164468	12.2	18010379	17.8	8
2011 年	185079	12.5	21163130	17.5	8
2012 年	204427	10.5	23420654	10.7	8
2013 年	226041	10.6	26044673	11.2	8
2014 年	245971	8.8	29260755	12.3	9
2015 年	267102	8.6	32970215	12.7	8

注：根据西安咸阳机场数据整理。

铁路交通方面：铁路向来以其经济、快捷和相对舒适的特点在旅游交通中占据着重要位置。在中长途的旅游空间位移方面，铁路交通有其自身的优势。西安火车站不仅是中国特等客运站之一，而且是欧亚大陆桥在中国境内的重要站点，西安的铁路建设已日趋成为连接长江流域和陇海兰新铁路两大动脉十字网架的交通枢纽。西安铁路局地处陇海铁路西端，共有郑西高铁、陇海、侯西、南同蒲、宁西、宝中、宝成和西沪等 18 条营业线，线路覆盖陕西全省，辐射甘、宁、内蒙古、晋、豫、鄂、川和渝等 8 个省区市，通达全国 25 个省会城市和 4 个直辖市。西安站是承东启西、连接南北的咽喉要道，在全国铁路网中具有十分重要的战略地位。从西安市统计资料可以看出（表 4-6），铁路的客运量近十年来比较稳定，2000 年为 2130 万人次，2009 年增长为 2585 万人次，2015 年增长为 3982 万人次，虽有增长，但是幅度不大（图 4-7）。而其周转量在 2008 年之前则远远高于民航和公路（图 4-8），2008～2015 年铁路的周转量出现明显的下滑，远低于民航和公路两种主要交通方式。

表 4-6　2000～2015 年西安主要交通方式客运量和周转量

年份	客运量/万人次			周转量/万人千米		
	民航	铁路	公路	民航	铁路	公路
2000 年	360	2130	5578	466621	1648051	409209
2001 年	381	2060	6638	486242	1717573	454222
2002 年	278	1997	7383	358388	1590403	575653
2003 年	272	1889	9252	341374	1652456	602572
2004 年	324	2380	8128	659358	1989276	463740
2005 年	389	2640	8294	853562	2142450	484384
2006 年	497	2640	8682	911298	2962550	513664
2007 年	620	2380	9466	878888	3080660	566510
2008 年	646	2680	23175	877570	525830	1125607
2009 年	837	2585	25271	840167	512686	1229172
2010 年	977	2781	26536	1044355	552498	1346104
2011 年	1156	2861	29358	1024876	595409	1603259
2012 年	2342	2919	30893	1069415	609287	1708747
2013 年	2604	3071	32614	1211036	619361	1804519
2014 年	2926	3511	19282	1364376	659315	1067456
2015 年	3297	3982	19625	1468432	684134	1088896

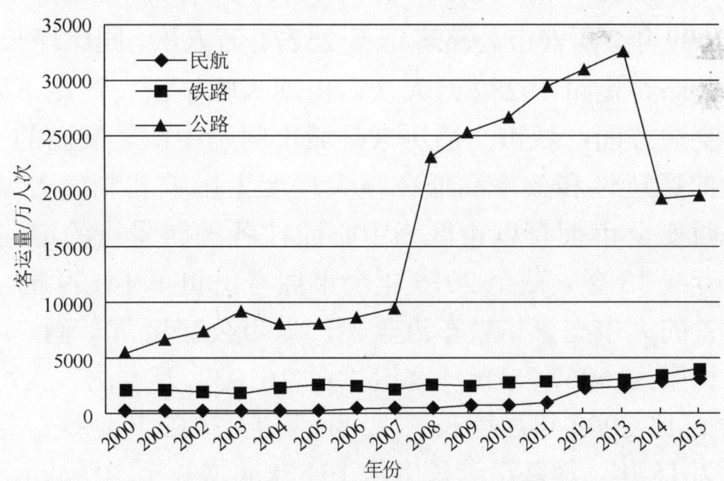

图 4-7　2000～2015 年西安主要交通方式客运量

公路交通方面：公路是完成旅游者在城市和景区之间、景区和景区之间短距离位移的主要方式。近年来高速公路的不断发展使得公路客运方便、快捷的优势更加明显。西安已经建成了以其为中心，贯通全省、辐射周边省市的高等级“米”字形辐射状干线公路系统，有公路 2800 多千米，

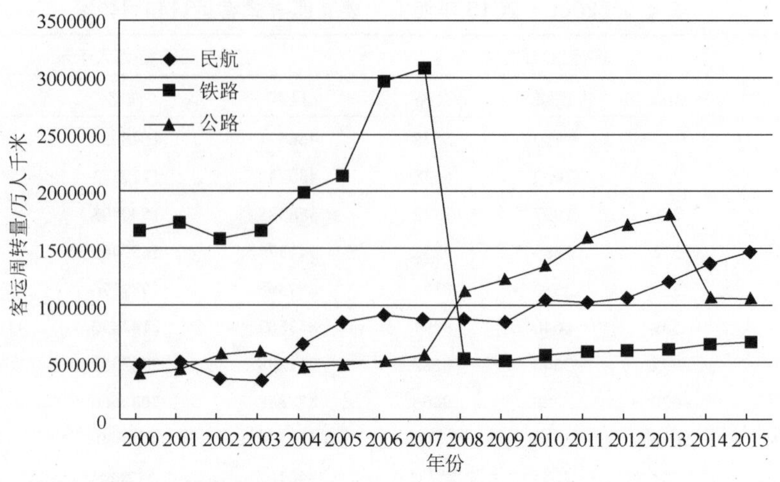

图 4-8　2000～2015 年西安主要交通方式客运周转量

5 条国道干线通过。绕城高速、机场新线建成，往返各主要景区的高速公路等也陆续建成。公路的客运量和周转量都有了很大的提高（表 4-6），2000 年公路客运量 5578 万人次，周转量 409209 万人千米，2005 年分别增长至 8294 万人次和 484384 万人千米，其增长率分别达到 48.7%和 18.37%。2009 年，西安市公路客运量 25271 万人次，同比增长 9%；2014 年西安市公路客运量 19282 万人次，出现大幅下滑，同比下降 40.9%。

城市交通方面：城市交通历来是城市问题中比较突出的一个方面，城市交通的通达性和效率高低在很大程度上影响和制约着城市旅游业的发展。西安全市拥有以市区为中心通往各旅游景点的道路 40 多条，其中旅游专线 13 条。截至 2015 年全市拥有出租车 14159 辆，用于接待海外旅游者的大中型豪华轿车近千辆，城市公交运营车辆 7781 台，运营线路网长度为 6067.25km，客运总量 161032 万人次。人均拥有道路面积 18m^2，比 2000 年净增长了 12.8m^2。自 2012 年地铁一号线、二号线建成至 2015 年，地铁运营长度从 19.87km 增长至 50.94km，客运量从 5911.64 万人次增长至 34209.35 万人次。随着 2016 年 11 月西安地铁三号线的相继建成，西安市内的交通问题得到有效缓解，为当地居民和旅游者带来了更多便利。

第 5 章　西安入境旅游流驱动与城市目的地响应的耦合协调度

5.1　耦合协调度理论及其模型

5.1.1　耦合的概念

耦合（coupling）最初是物理学中的概念，指两个或两个以上的系统或者运动形式通过各种相互作用而彼此影响的现象。耦合度是描述系统或者要素相互影响程度的指标。从协同学的角度看，耦合作用及其协调程度决定了系统在达到临界区域时走向何种序与结构，即决定了系统由无序走向有序的趋势。系统在相变点处的内部变量可分为快、慢弛豫变量两类，慢弛豫变量是决定系统相变进程的根本变量，就是系统的序参量。系统由无序走向有序机理的关键，在于系统内部序参量之间的协同作用，它左右着系统相变的特征与规律，耦合度正是反映这种协同作用的度量（刘耀彬等，2005）。由此，可以把入境旅游流驱动与城市目的地响应两个系统通过各自的耦合元素产生相互影响的程度定义为入境旅游流与城市目的地耦合度，其大小可以反映出入境旅游流和城市目的地之间相互作用、相互影响的程度。

5.1.2　耦合协调度函数及其模型

1）功效函数

设变量U_i（i=1,2,…,m）是入境旅游流驱动-城市目的地响应系统序参量，U_{ij}为第 i 个序参量的第 j 个指标，其值为X_{ij}（1,2,…,n）。α_{ij}、β_{ij}是系统稳定临界点上序参量的上、下限值。因此，入境旅游流驱动-城市目的地响应系统对系统有序的功效系数U_{ij}可表示为

$$U_{ij}\begin{cases}(X_{ij}-\beta_{ij})/(\alpha_{ij}-\beta_{ij}) & U_{ij}\text{具有正功效}\\(\alpha_{ij}-X_{ij})/(\alpha_{ij}-\beta_{ij}) & U_{ij}\text{具有负功效}\end{cases} \quad (5\text{-}1)$$

式中，U_{ij} 为变量 X_{ij} 对系统的功效贡献大小，反映了各指标达到目标的满意程度，U_{ij} 趋近 0 为最不满意，U_{ij} 趋近 1 为最满意，$0 \leqslant U_{ij} \leqslant 1$。

由于入境旅游流驱动和城市目的地响应处于两个不同而又相互影响、相互作用的子系统，对子系统内各个序参量的有序程度的“总贡献”可通过集成方法实现，在实践中可以采用几何平均法和线性加权和法：

$$u_i = \sum_{i=1}^{m} \lambda_{ij} u_{ij} \qquad \sum_{i=1}^{m} \lambda_{ij} = 1 \tag{5-2}$$

式中，u_i 为系统第 i 年的综合评价值；u_{ij} 为指标 j 对系统的功效贡献大小；λ_{ij} 为指标的权重，指标权重 λ_{ij} 的确定采用比较客观的熵值赋权法。

2）耦合度函数

借鉴物理学中的容量耦合概念及容量耦合系数模型，可以得到多个系统（要素）相互作用的耦合度模型。

$$C_n = n\left\{(u_1 \cdot u_2 \cdots u_m) / \left[\prod (u_i + u_j)\right]\right\}^{\frac{1}{n}} \tag{5-3}$$

由此推理，得到两个系统的耦合度函数为

$$C_2 = n\left\{(u_1 \cdot u_2) / \left[(u_1 + u_2) \times (u_1 + u_2)\right]\right\}^{\frac{1}{2}} \tag{5-4}$$

式中，C_2 为两个系统的耦合度；u_1 和 u_2 分别为两个系统的综合评价指数。很显然，耦合度值 $C \in [0,1]$，当 C=1 时，耦合度最大，表示系数之间或者系统内部要素之间处于良性耦合，系统将趋向新的有序结构；当 C=0 时，耦合度非常小，表示两个系统或内部要素处于无关状态，系统将趋向无序发展。但是，此模型的不足之处在于它在有些情况下不能客观实际地反映出两个系统之间的协调程度。例如，两个系统发展水平都比较差，它们的耦合度却可以很高，其耦合度也可能高过一个系统发展水平好而另一个系统发展得不好的情况。协调是一种方法和手段，最终目的还是追求入境旅游流与城市目的地的可持续发展，单纯依靠耦合度判别有可能产生错误的判断。

3）耦合协调度模型

鉴于上述原因，可以在前人研究的成果上构建能客观反映城市入境旅游流驱动系统和目的地响应系统之间耦合协调度的模型。

$$D = \sqrt{C \cdot T} \tag{5-5}$$
$$T = \alpha U_1 + \beta U_2$$

式中，D 为耦合协调度；C 为耦合度；T 为城市入境旅游流驱动系统与目的地响应系统的综合调和指数，反映两个系统对协调度的贡献；α、β 为待定系数；U_1、U_2 分别是入境旅游流驱动系统与目的地响应系统的综合评价指数。本书认为入境旅游流与城市目的地响应各子系统在相互作用中具有同等的重要性，其中α、β取值均为 0.5。

5.2 指 标 设 计

本节的数据主要来源于官方权威统计数据。其中入境旅游流驱动的指标来自于 2001～2015 年的《中国旅游统计年鉴》《中国旅游统计年鉴(副本)》和《入境游客抽样调查资料》。西安城市目的地响应系统的指标获取相对较难，政府统计数据来源于 2001～2015 年的《西安统计年鉴》《陕西统计年鉴》和《中国城市统计年鉴》等，部分政府统计缺失的数据通过西安市相关政府部门的统计资料获得，其中还有极少量的统计数据存在个别年份统计口径不一致或者缺失问题，通过运用 SPSS 软件中缺失值的常用处理方法予以补充。数据收集的整个过程始终秉持严谨、科学的态度，力求避免统计推断结果的偏倚或者错误。

5.2.1 指标选取

虽然入境旅游流的外向驱动与城市目的地供给响应是两个系统，但是这两个系统及其各子系统和各要素之间存在相互作用、相互联系、相互影响的复杂关系。本书利用多指标综合评价法，构建相应的指标体系，对二者之间的关联关系进行分析与评价。指标体系的设计是研究入境旅游流外向驱动和城市目的地供给响应模式与关联程度的基础。各项指标的选取，既要考虑指标的代表性和系统性，又要考虑指标的全面性和层次性，以及指标设计的科学性和逻辑性，还要兼顾指标的可获得性和可比性。在上述原则的指导下，本书首先通过对相关文献进行收集整理和统计，从中选取了近年来研究者使用频度较高的指标；其次在实际的数据整理中兼顾数据的可获取性和延续性；最后分别对两个系统的内涵进行挖掘和整理，初步确定从城市旅游环境、旅游接待设施、旅游交通、旅游服务方面进行量化指标的选取。在此基础上，作者用特尔菲法对相关旅游研究专家进行咨询，经过后期的整理和研究，最终将城市目的地响应系统具体细分为城市旅游环境、旅游接待设施、旅游交通和旅游服务四个子系统，各个子系统又包含多个指标，共计 30 个指标用以涵盖和说明目的地响应的各个方面（表 5-1）。

表 5-1　入境旅游流驱动与城市目的地响应系统指标体系

<table>
<tr><th colspan="2">功能团</th><th>指标</th></tr>
<tr><td colspan="2" rowspan="4">入境旅游流驱动系统 X</td><td>入境旅游者人次数 X_1</td></tr>
<tr><td>入境旅游外汇收入 X_2</td></tr>
<tr><td>入境旅游者人天数 X_3</td></tr>
<tr><td>入境旅游者人均花费 X_4</td></tr>
<tr><td rowspan="17">城市目的地响应系统</td><td rowspan="11">城市旅游环境子系统 Y_1</td><td>人均 GDP Y_{11}</td></tr>
<tr><td>城镇居民人均可支配收入 Y_{12}</td></tr>
<tr><td>城镇居民家庭恩格尔系数 Y_{13}</td></tr>
<tr><td>第三产业占 GDP 比例 Y_{14}</td></tr>
<tr><td>城市经济密度 Y_{15}</td></tr>
<tr><td>每万人拥有大学生人数 Y_{16}</td></tr>
<tr><td>每万人拥有卫生技术人员数 Y_{17}</td></tr>
<tr><td>人口密度 Y_{18}</td></tr>
<tr><td>人均公园绿地面积 Y_{19}</td></tr>
<tr><td>建成区绿化覆盖率 Y_{110}</td></tr>
<tr><td>空气质量二级以上天数 Y_{111}</td></tr>
<tr><td rowspan="6">旅游接待设施子系统 Y_2</td><td>国际旅行社数量 Y_{21}</td></tr>
<tr><td>星级饭店数量 Y_{22}</td></tr>
<tr><td>A 级景区数量 Y_{23}</td></tr>
<tr><td>公共厕所数量 Y_{24}</td></tr>
<tr><td>住宿和餐饮固定资产投资 Y_{25}</td></tr>
<tr><td>旅游企业固定资产 Y_{26}</td></tr>
</table>

续表

功能团		指标
城市目的地响应系统	旅游交通子系统 Y_3	民航客运量 Y_{31}
		铁路客运量 Y_{32}
		民航周转量 Y_{33}
		铁路周转量 Y_{34}
		每万人拥有公共交通车辆 Y_{35}
		出租车数量 Y_{36}
		人均拥有道路面积 Y_{37}
	旅游服务子系统 Y_4	总人口 Y_{41}
		第三产业从业人员比例 Y_{42}
		饭店从业人员 Y_{43}
		旅行社从业人员 Y_{44}
		景区从业人员 Y_{45}
		旅游院校在校生人数 Y_{46}

（1）城市旅游环境指标选取主要涉及城市社会经济、文化环境和生态环境。最终选取了“人均 GDP、城镇居民人均可支配收入、城镇居民家庭恩格尔系数、第三产业占 GDP 比例、城市经济密度、每万人拥有大学生人数、每万人拥有卫生技术人员数、人口密度、人均公园绿地面积、建成区绿化覆盖率以及空气质量二级以上天数”共 11 个指标。其中城市经济密度是全市 GDP 与城市面积的比值；人口密度是指每平方千米土地上的城市人口数量，能够反映出城市人口的疏密程度；家庭恩格尔系数是指城市居民家庭的食物支出占全部支出的比例，用来反映城市家庭居民的富裕程度和生活水平。

（2）考虑入境旅游者的现实旅游需求状况，旅游接待设施子系统主要选取了“国际旅行社数量、星级饭店数量、A 级景区数量、公共厕所数量、住宿和餐饮固定资产投资以及旅游企业固定资产”共计 6 个指标。固定资产是旅游企业的重要物资设备，是从事业务经营活动必不可少的物质条件；旅游企业的固定资产是指用于生产商品或提供劳务，出租给他人或为了行政管理目的而持有的，预计使用年限超过一年，单位价值较高的有形资产（方法林，2010）；住宿和餐饮固定资产投资、旅游企业固定资产指标可以从侧面反映出城市旅游接待设施的投入和赋存情况。

（3）鉴于入境旅游者选择的主要交通方式情况，旅游交通子系统选取了“民航、铁路的客运量和周转量，每万人拥有公共交通车辆，出租车数量以及人均拥有道路面积”共计 7 个指标。

（4）旅游服务主要考虑了服务提供的主体，人力资源供给的一系列指标，包括“城市总人口，第三产业从业人员比例，饭店、旅行社、景区从业人员以及旅游院校在校生人数”共计 6 个指标。选择旅游院校在校生人数主要是考虑到旅游业的潜在人力资源供给。

5.2.2 数据的相关性验证

上述指标体系是根据对入境旅游流驱动和城市目的地响应相关研究文献进行统计后，加上研究者对于其各自内涵的拓展而选取的指标。因此，指标的选取具有一定的主观性，并且这些指标并非是用于任何环境下的分析。在耦合分析中，指标是基础，数据是主体。因此首先对两个系统指标之间的相关性进行分析。相关性分析结果如表 5-2 所示。

表 5-2 入境旅游流驱动和城市目的地响应各子系统相关性分析

关联分析项目	变量观测值（双侧）	入境旅游流	旅游服务	旅游环境	旅游接待设施	旅游交通
入境旅游流	皮尔逊相关系数	1	0.917			
	显著性（双侧）	—	0.000			
	样本数	10	10			
	皮尔逊相关系数	1		0.810		
	显著性（双侧）	—		0.005		
	样本数	10		10		
	皮尔逊相关系数	1			0.812	
	显著性（双侧）	—			0.004	
	样本数	10			10	
	皮尔逊相关系数	1				0.898
	显著性（双侧）	—				0.000
	样本数	10				10

从表 5-2 可以看出，入境旅游流驱动系统和城市旅游目的地响应的各子系统的皮尔逊相关系数都在 0.8 以上，为正相关关系，具有统计学意义，因此可以用来分析两者之间的耦合协调关系。

5.3　入境旅游流驱动与城市目的地响应的耦合协调度

鉴于数据收集和整理的现实情况，将城市旅游目的地响应分为 4 个子系统，分别是城市旅游环境、旅游接待设施、旅游交通和旅游服务，总共包含 30 个具体指标。通过分析入境旅游流驱动系统和它们各自的耦合协调度，总结两个大系统之间的协调程度，并从中发现一些规律和特征。

5.3.1　入境旅游流驱动与城市旅游环境的耦合协调度

城市旅游环境是目的地响应系统的重要环节，城市入境旅游发展和该城市的旅游环境关系密切。分析两者各自的综合发展水平及其耦合协调程度，具体数据处理步骤如下。

鉴于两个系统各个指标的原始数据量纲不同，采用了极差标准化方法，对数据进行无量纲化处理，公式如下。

$$x_{ij}' = \frac{x_{ij} - x_{j\min}}{x_{j\max} - x_{j\min}} \tag{5-6}$$

指标权重的确定采用比较客观的熵值赋权法。熵值赋权法根据来源于客观环境的原始信息，通过分析各指标之间的关联程度及各指标所提供的信息量来决定指标的权重，在一定程度上避免了主观因素带来的偏差。

（1）为了避免求熵值时对数计算的无意义，对数据进行了非负化处理。

$$x_{ij}' = \frac{x_{ij} - x_{j\min}}{x_{j\max} - x_{j\min}} + 0.01$$

（2）对指标做比例变换。

$$S_{ij} = \frac{x_{ij}'}{\sum_{i=1}^{n} x_{ij}'}$$

（3）计算第 j 项指标的熵值。

$$h_j = -\frac{1}{\ln n}\sum_{i=1}^{n} S_{ij} \ln S_{ij}$$

（4）计算第 j 项指标的差异度。

$$\alpha_j = 1 - h_j$$

（5）计算第 j 项指标的权重。

$$\lambda_j = \frac{\alpha_j}{\sum_{j=1}^{p} \alpha_j}$$

入境旅游流和城市旅游环境耦合系统各个指标通过熵值赋权法得出的权重系数如表 5-3 所示。

表 5-3 入境旅游流和城市旅游环境系统指标权重

耦合系统	评价指标	原始单位	熵值权重
入境旅游流 X	入境旅游者人次数 X_1	人次	0.2706
	入境旅游外汇收入 X_2	万美元	0.2611
	入境旅游者人天数 X_3	人天	0.2647
	入境旅游者人均花费 X_4	美元	0.2036
城市旅游环境 Y_1	人均 GDPY_{11}	元	0.1017
	城镇居民人均可支配收入 Y_{12}	元	0.1186
	城镇居民家庭恩格尔系数 Y_{13}	%	0.0533
	第三产业占 GDP 比例 Y_{14}	%	0.0680
	城市经济密度 Y_{15}	元/km^2	0.1070
	每万人拥有大学生人数 Y_{16}	人	0.0907
	每万人拥有卫生技术人员数 Y_{17}	人	0.0804
	人口密度 Y_{18}	人	0.0811
	人均公园绿地面积 Y_{19}	m^2/人	0.1296
	建成区绿化覆盖率 Y_{110}	%	0.0939
	空气质量二级以上天数 Y_{111}	天	0.0757

利用系统综合发展水平评价模型［式（5-2）］和耦合协调度模型［式（5-5）］，计算得出 2000～2014 年西安入境旅游流驱动系统和城市目的地旅游环境子系统综合评价指数 U_X、U_{Y_1} 和耦合协调度值 D_1（表 5-4）。可以看出，在 2000～2014 年间，西安入境旅游流的综合发展水平的评价值从 2000 年的 0.157 上升到 2002 年的 0.342，2003 年出现了较大的波动，下降至 0.052，此后持续增长至 2014 年的 0.990，其中 2006 年和 2008 年出现了小小的波动，总体而言，表现出不断提高的态势。城市旅游环境子系统的综合发展水平也是一直上升，从 2000 年的 0.090

到 2009 年的 0.488，进而 2014 年达到 0.861，特别是 2009 年以后，其综合发展水平评价值提高很快。

表 5-4　2000～2014 年西安入境旅游流与城市旅游环境综合发展水平及耦合协调度

年份	2000 年	2001 年	2002 年	2003 年	2004 年	2005 年	2006 年	2007 年
U_X	0.157	0.230	0.342	0.052	0.361	0.469	0.394	0.458
U_{Y_1}	0.090	0.136	0.144	0.185	0.201	0.273	0.313	0.362
D_1	0.345	0.421	0.471	0.314	0.519	0.598	0.593	0.638
年份	2008 年	2009 年	2010 年	2011 年	2012 年	2013 年	2014 年	
U_X	0.441	0.485	0.685	0.803	0.918	0.979	0.990	
U_{Y_1}	0.444	0.488	0.630	0.711	0.784	0.841	0.861	
D_1	0.665	0.698	0.810	0.869	0.921	0.953	0.961	

为了更为直观地描述西安 2000～2014 年的入境旅游和城市旅游环境两个系统自身的发展水平和它们之间的协调程度，特作出折线图（图 5-1）。

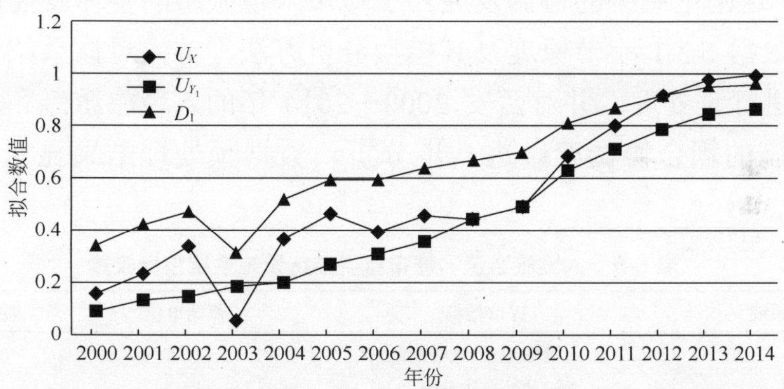

图 5-1　2000～2014 年西安入境旅游流和城市旅游环境耦合协调度

图 5-1 中，U_X 代表入境旅游流的综合评价水平曲线，U_{Y_1} 代表城市旅游环境的综合评价水平曲线，D_1 代表入境旅游流驱动系统和城市旅游目的地响应子系统旅游环境的发展耦合协调程度。可以看出，2000～2002 年，城市旅游环境的整体发展水平略低于入境旅游的发展水平，U_X 曲线略高于 U_{Y_1} 曲线。2003 年中国遭遇“非典”侵袭，西安入境旅游同样受到重创，入境旅游发展水平曲线位于城市旅游环境的整体发展水平之下，U_X 曲线在 2003 年出现了很明显的“V”型低谷，2004 年有所恢复。2008 年受国际金融危机和中国政府举办奥运会的政策性限制，U_X 曲

线再次出现下滑。U_{Y_1} 曲线总体呈上升趋势，尤其是在 2004 年之后上升趋势更为明显。总体而言，2004～2008 年，入境旅游发展较为波动，没有出现明显的增长趋势，但其综合评价水平还是明显高于城市旅游环境的发展水平，两个系统的耦合协调度也逐年上升，出现良好的逐渐协调态势。2008 年国际金融危机和中国政府举办奥运会相关入境政策的影响使得入境旅游的发展水平出现下滑态势，城市旅游环境则表现不明显，但两者的协调程度仍略微增长。2008～2014 年，入境旅游发展水平平稳，与城市旅游环境系统的协调程度也逐渐增长，2008 年和 2014 年的耦合协调度系数分别为 0.665 和 0.961。

5.3.2　入境旅游流驱动与城市旅游接待设施的耦合协调度

城市入境旅游的发展和其接待设施的发展水平之间相互影响又相互制约，这两个系统的协调发展对于城市入境旅游的整体发展而言意义重大。依据 5.3.1 小节原理及其模型分析方法，首先对该系统多项指标的数据进行预处理，并对西安 2000～2014 年的入境旅游流和城市旅游接待设施的耦合协调度做进一步分析，数据预处理结果显示如表 5-5 所示。

表 5-5　入境旅游流和城市旅游接待设施系统指标权重

耦合系统	评价指标	原始单位	熵值权重
入境旅游流 X	入境旅游者人次数 X_1	人次	0.2706
	入境旅游外汇收入 X_2	万美元	0.2611
	入境旅游者人天数 X_3	人天	0.2647
	入境旅游者人均花费 X_4	美元	0.2036
城市旅游接待设施 Y_2	国际旅行社数量 Y_{21}	个	0.1896
	星级饭店数量 Y_{22}	个	0.2022
	A 级景区（点）数量 Y_{23}	个	0.1699
	公共厕所数 Y_{24}	个	0.0989
	住宿和餐饮固定资产投资 Y_{25}	万元	0.1623
	旅游企业固定资产 Y_{26}	亿元	0.1771

在此基础上，利用系统综合发展水平评价模型［式（5-2）］和耦合协调度模型［式（5-5）］计算得出 2000～2014 年西安入境旅游流驱动系统和城市目的地旅游接待设施子系统综合评价指数 U_X、U_{Y_2} 和耦合协

调度值 D_2（表 5-6）。

表 5-6　2000～2014 年西安入境旅游流与城市旅游接待设施综合发展水平及耦合协调度

年份	2000 年	2001 年	2002 年	2003 年	2004 年	2005 年	2006 年	2007 年
U_X	0.157	0.230	0.342	0.052	0.361	0.469	0.394	0.458
U_{Y_2}	0.062	0.053	0.132	0.145	0.389	0.408	0.509	0.577
D_2	0.314	0.332	0.461	0.295	0.612	0.662	0.669	0.717
年份	2008 年	2009 年	2010 年	2011 年	2012 年	2013 年	2014 年	
U_X	0.441	0.485	0.685	0.803	0.918	0.979	0.990	
U_{Y_2}	0.566	0.607	0.513	0.521	0.570	0.656	0.911	
D_2	0.707	0.737	0.770	0.804	0.850	0.895	0.974	

为了更直观地描述西安 2000～2014 年的入境旅游流和城市旅游接待设施两个系统自身的发展水平和它们之间的耦合协调程度，特作出折线图（图 5-2）。

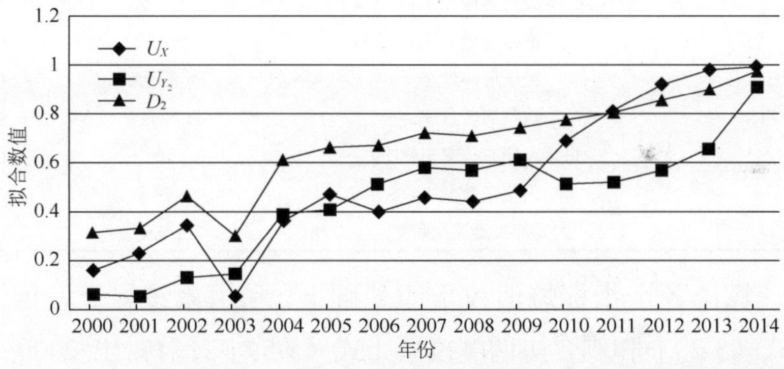

图 5-2　2000～2014 年西安入境旅游流和城市旅游接待设施的耦合协调度

如图 5-2 所示，U_X 代表入境旅游流的综合评价水平，U_{Y_2} 代表城市旅游接待设施的综合评价水平，D_2 代表入境旅游流驱动系统和城市旅游目的地响应子系统旅游接待设施的发展耦合协调程度。可以看出，在 2000～2002 年，城市旅游接待设施的整体发展水平略低于入境旅游的发展水平，U_X 曲线略高于 U_{Y_2} 曲线。2003 年则 U_X 明显低于 U_{Y_2}，具体原因不再赘述。但是到了 2006 年，U_X 曲线出现回落，入境旅游流的发展明显落后于接待设施的发展情况，这种情况持续至 2009 年。在 2010 年，接待设施的发展水平出现回落，但后期呈持续增长态势，可以看出 U_{Y_2} 曲线在 2000～2014 年间发展态势良好，其综合评价水平整体增长，曲线也一直呈现出稳步上升的状态。从 D_2 曲线来看，两个系统在 2000～2014 年的耦合协调度总体呈现上升的态势。

5.3.3 入境旅游流驱动与城市旅游交通的耦合协调度

城市旅游交通对于入境旅游发展的重要性不言而喻。对 2000～2014 年反映西安入境旅游流和城市旅游交通的各个指标进行数据预处理，并利用熵值赋权重法对各个指标的权重系数予以确定，结果见表 5-7。

表 5-7 入境旅游流和城市旅游交通系统指标权重

耦合系统	评价指标	原始单位	熵值权重
入境旅游流 X	入境旅游者人次数 X_1	人次	0.2706
	入境旅游外汇收入 X_2	万美元	0.2611
	入境旅游者人天数 X_3	人天	0.2647
	入境旅游者人均花费 X_4	美元	0.2036
城市旅游交通 Y_3	民航客运量 Y_{31}	万人次	0.0685
	铁路客运量 Y_{32}	万人次	0.2422
	民航周转量 Y_{33}	万人千米	0.2906
	铁路周转量 Y_{34}	万人千米	0.2174
	每万人拥有公交车辆 Y_{35}	辆	0.0469
	出租车数量 Y_{36}	辆	0.0848
	人均拥有道路面积 Y_{37}	m^2/人	0.0496

在计算出各个指标熵值权重的基础上，利用系统综合发展水平评价模型［式（5-2）］和耦合协调度模型［式（5-5）］计算得出 2000～2014 年西安入境旅游流驱动系统和城市目的地旅游交通子系统综合评价指数 U_X、U_{Y_3} 和耦合协调度值 D_3（表 5-8）。

表 5-8 2000～2014 年西安入境旅游流与城市旅游交通综合发展水平及耦合协调度

年份	2000 年	2001 年	2002 年	2003 年	2004 年	2005 年	2006 年	2007 年
U_X	0.157	0.230	0.342	0.052	0.361	0.469	0.394	0.458
U_{Y_3}	0.149	0.142	0.146	0.170	0.239	0.315	0.440	0.513
D_3	0.391	0.425	0.473	0.307	0.542	0.620	0.645	0.696

年份	2008 年	2009 年	2010 年	2011 年	2012 年	2013 年	2014 年
U_X	0.441	0.485	0.685	0.803	0.918	0.979	0.990
U_{Y_3}	0.340	0.418	0.375	0.442	0.610	0.661	0.727
D_3	0.622	0.671	0.712	0.772	0.865	0.897	0.921

为了更直观地描述西安 2000～2014 年的入境旅游流和城市旅游交通两个系统自身的发展水平和它们之间的耦合协调程度，特作出折线图（图 5-3）。

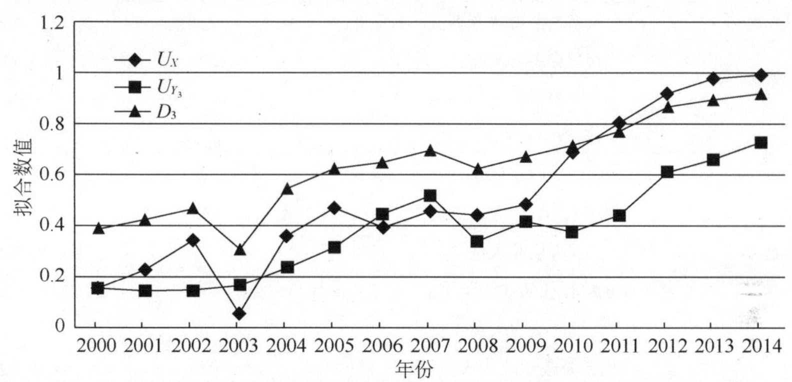

图 5-3　2000～2014 年西安入境旅游流和城市旅游交通的耦合协调度

图 5-3 中，U_X 代表入境旅游流的综合评价水平，U_{Y_3} 代表城市旅游交通的综合评价水平，D_3 代表入境旅游流驱动系统和城市旅游目的地响应子系统旅游交通的发展耦合协调程度。分析图 5-3 可以看出：曲线 U_X 的趋势和其他对照组没有区别，而曲线 U_{Y_3} 则显示出较明显的变化，在 2000～2007 年呈现明显的上升趋势，而在 2008～2011 年呈“U”型状态，即 2008 年出现了小幅的回落，表明近年来西安旅游交通自身的综合评价水平在总体上升的状态中有起伏。2010～2014 年，U_X 和 U_{Y_3} 呈稳步上升状态，表示两个系统之间耦合协调程度的曲线 D_3 也不像曲线 D_2 那样表现得比较稳定（2003 年情况特殊，在此忽略）而逐步上升。和 D_1、D_2 两个对照组比较，西安入境旅游流和城市旅游交通的耦合协调度水平发展得相对比较曲折。

5.3.4　入境旅游流驱动与城市旅游服务的耦合协调度

旅游服务的标准和质量很难以数量化来衡量，故在此重点选择了能够最直观反映旅游服务水平的旅游人力资源供给情况的各个指标进行量化分析。其中的“旅游院校在校生人数”较为间接地反映了旅游服务的潜在人力资源供给，也可以在某种程度上反映出旅游服务人员综合素质的高低。具体指标数据通过无量纲化处理，再利用熵值赋权重法给予权重系数，结果如表 5-9 所示。

表 5-9　入境旅游流和城市旅游服务系统指标权重

耦合系统	评价指标	原始单位	熵值权重
入境旅游流 X	入境旅游者人次数 X_1	人次	0.2706
	入境旅游外汇收入 X_2	万美元	0.2611
	入境旅游者人天数 X_3	人天	0.2647
	入境旅游者人均花费 X_4	美元	0.2036
城市旅游服务 Y_4	总人口 Y_{41}	人	0.0888
	第三产业从业人员比例 Y_{42}	%	0.1065
	饭店从业人员 Y_{43}	人	0.0966
	旅行社从业人员 Y_{44}	人	0.2697
	景区从业人员 Y_{45}	人	0.2280
	旅游院校在校生人数 Y_{46}	万人	0.2104

在计算出各个指标熵值权重的基础上，利用系统综合发展水平评价模型［式（5-2）］和耦合协调度模型［式（5-5）］，可以计算得出 2000～2014 年西安入境旅游流驱动系统和城市目的地旅游服务子系统综合评价指数 U_X、U_{Y_4} 和耦合协调度值 D_4（表 5-10）。

表 5-10　2000～2014 年西安入境旅游流与城市旅游服务综合发展水平及耦合协调度

年份	2000 年	2001 年	2002 年	2003 年	2004 年	2005 年	2006 年	2007 年
U_X	0.157	0.230	0.342	0.052	0.361	0.469	0.394	0.458
U_{Y_4}	0.382	0.383	0.498	0.402	0.556	0.534	0.714	0.775
D_4	0.495	0.545	0.643	0.381	0.669	0.707	0.728	0.772
年份	2008 年	2009 年	2010 年	2011 年	2012 年	2013 年	2014 年	
U_X	0.441	0.485	0.685	0.803	0.918	0.979	0.990	
U_{Y_4}	0.657	0.622	0.373	0.323	0.348	0.368	0.642	
D_4	0.734	0.741	0.711	0.713	0.752	0.775	0.893	

同样，为了更直观地表现入境旅游流和旅游服务各自的综合发展水平以及两者之间的耦合协调程度，绘制出折线图（图 5-4）。

U_X 代表入境旅游流的综合评价水平曲线，U_{Y_4} 代表城市旅游服务的综合评价水平曲线，D_4 代表两个系统的耦合协调度曲线。从图 5-4 可以看出，代表城市旅游服务发展水平的 U_{Y_4} 曲线总体趋势曲折，存在很多的波动，出现一些较明显的“U”型或者倒“U”型起伏。与其他几个

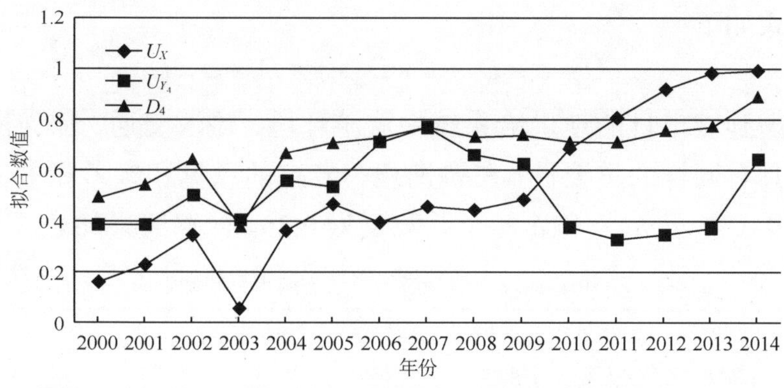

图 5-4　2000～2014 年西安入境旅游流和城市旅游服务的耦合协调度

子系统相比较，西安旅游服务的综合发展水平和入境旅游流的综合发展水平总体趋势相差较大。西安旅游服务的综合发展水平在 2000～2009 年明显高于入境旅游流的综合发展水平，2009～2014 年入境旅游流综合发展水平持续发展，明显高于西安旅游服务的综合发展水平，而西安旅游服务综合水平从 2007～2011 年呈明显下降趋势。此外，2003 年和 2008 年整个中国入境旅游发展的大背景仍然能够清晰地从图 5-4 表现出来。反映两个系统之间耦合协调关系的 D_4 曲线在排除 2003 年疾病流行的旅游危机事件和 2008 年中国北京举办奥运会、国际金融危机的基础上虽然呈现出上升趋势，但是上升的幅度非常小。从具体耦合协调度指数上分别表现为 2000 年的 0.495、2004 年的 0.669、2009 年的 0.741 和 2012 年的 0.752，2014 年的 0.893，相对而言，变化较小。

5.4　综合评价及原因剖析

5.4.1　综合评价

基于城市旅游目的地响应系统的复杂性，研究分别针对入境旅游流驱动系统的各个指标和城市目的地响应的各个子系统及其对应指标，利用耦合协调度函数模型对其进行分析和比对。为了更加综合性地反映两个大系统各自的综合评价水平及其耦合协调程度，将各个子系统的综合评价指数和耦合协调度指数进行加权求和，反映它们总体的协调程度。

建立公式如下：

$$D = \alpha \times D_1 + \beta \times D_2 + \gamma \times D_3 + \delta \times D_4 \tag{5-7}$$

考虑到城市目的地供给系统中旅游环境、旅游交通、旅游服务和接待设施具有同样的重要性，在咨询相关专家的意见和参考相关文献的基础上，将式中 α、β、γ 和 δ 各个系数定为 0.25。计算结果如表 5-11 所示。

表 5-11　2000～2014 年西安入境旅游流驱动与城市目的地响应系统耦合协调度

年份	2000 年	2001 年	2002 年	2003 年	2004 年	2005 年	2006 年	2007 年
D	0.386	0.431	0.512	0.324	0.586	0.647	0.659	0.706
年份	2008 年	2009 年	2010 年	2011 年	2012 年	2013 年	2014 年	
D	0.682	0.712	0.751	0.790	0.847	0.880	0.937	

在此基础上，将最终的耦合协调度曲线 D 和前面各个子系统的耦合协调度 $D_n(n=1,2,3,4)$ 做出对比分析，如图 5-5 所示。

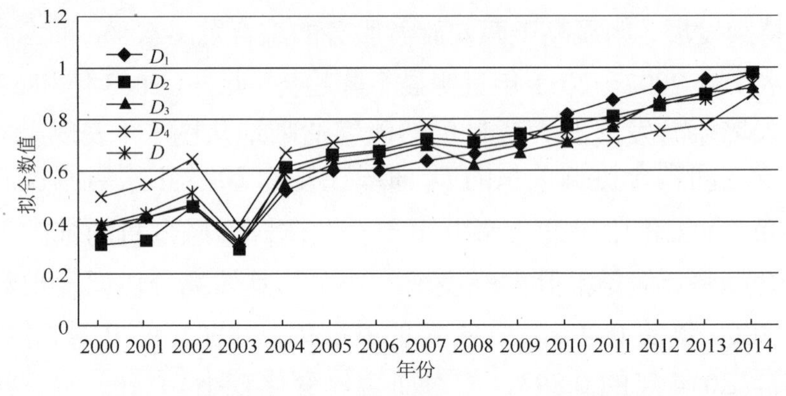

图 5-5　2000～2014 年西安入境旅游流驱动和城市目的地响应系统耦合协调度

图 5-5 中，$D_n(n=1,2,3,4)$分别代表 2000～2014 年西安入境旅游流和城市旅游环境、接待设施、旅游交通和旅游服务的耦合协调度曲线，D 代表它们的综合协调发展水平。通过对比可以发现，曲线 D_1 在 2004～2007 年明显位于其他曲线下方，表明这几年间，入境旅游流和城市旅游环境协调程度偏低于其他子系统；而在 2010～2013 年始终位于这几条曲线的上方，表明入境旅游流和城市旅游环境的协调程度在 4 年间一直高于其他子系统的水平。而曲线 D_2 则在 2000～2003 年明显处于下方位置，说明入境旅游流和城市旅游接待设施的协调程度偏低于其他子系

统。曲线 D_3 表现得不是很明显，和最终的综合协调度曲线 D 最为接近。曲线 D_4 在 2000～2008 年明显位于几条曲线上方，说明在这几年间，入境旅游流和城市旅游服务发展水平的协调程度明显高于其他子系统。到了 2008 年，这种格局出现了一些变化，从图中可以看出，曲线 D_3 出现了较为明显的下降，说明西安入境旅游和城市旅游交通综合发展水平之间的耦合协调水平有所下降，而与此同时，代表入境旅游流和旅游接待设施子系统耦合协调度的曲线 D_2 则呈现了明显的上升态势，尤其在 2014 年特别突出。值得一提的是 2008～2009 年，除 D_4 仍有小幅下降外，曲线 D_1、D_2 和 D_3 呈现小幅度的上扬。说明在 2008 年这个对于中国旅游比较特殊的年份以后，西安的入境旅游流和城市目的地的协调性在受到影响之后有了一定程度的恢复，并且已经到了阶段性底部，不过城市旅游服务发展水平与入境旅游流协调程度受整体波动影响较大，仍未实现反弹，直至 2010 年才开始恢复。2013～2014 年，D_2 呈明显上扬态势，甚至在 2013 年超过了其他子系统耦合协调度，说明旅游接待设施与西安入境旅游流耦合协调度越来越高。D_4 在 2013～2014 年呈现明显上扬，表明 2013 年起入境旅游流和城市旅游服务发展水平的协调程度出现明显增长，而尽管快速增长，曲线 D_4 仍位于其他曲线下方，低于其他子系统与入境旅游流的耦合协调度。

为了更直观地反映入境旅游流驱动系统与城市目的地响应系统耦合协调发展状况，研究参阅了前人的研究成果，对两者的耦合协调度等级进行划分（表 5-12）。

表 5-12　入境旅游流驱动与城市目的地响应系统耦合协调度评价等级

协调度值	协调等级	协调程度	协调度值	协调等级	协调程度
0.0000～0.0999	1 级	极度失调	0.5000～0.5999	6 级	勉强协调
0.1000～0.1999	2 级	严重失调	0.6000～0.6999	7 级	初级协调
0.2000～0.2999	3 级	中度失调	0.7000～0.7999	8 级	中级协调
0.3000～0.3999	4 级	轻度失调	0.8000～0.8999	9 级	良好协调
0.4000～0.4999	5 级	濒临失调	0.9000～1.0000	10 级	优质协调

注：根据廖重斌《环境与经济协调发展的定量评判及其分类体系》修改。

按照式（5-6）计算得出，西安入境旅游流驱动与城市目的地响应系统的协调程度如表 5-13 所示。

表 5-13 2000～2014 年西安入境旅游流驱动与城市目的地响应系统耦合协调水平

年份	2000 年	2001 年	2002 年	2003 年	2004 年	2005 年	2006 年	2007 年
D	0.386	0.431	0.512	0.324	0.586	0.647	0.659	0.706
协调程度	轻度失调	濒临失调	勉强协调	轻度失调	勉强协调	初级协调	初级协调	中级协调
年份	2008 年	2009 年	2010 年	2011 年	2012 年	2013 年	2014 年	
D	0.682	0.712	0.751	0.790	0.847	0.880	0.937	
协调程度	初级协调	中级协调	中级协调	中级协调	良好协调	良好协调	优质协调	

由表 5-13 可以看出，西安入境旅游流和城市目的地响应系统的耦合协调度总体而言是向着良性方向发展的。2000 年两者的协调度指数为 0.386，为轻度失调；2002 为勉强协调；2003 年下滑到了轻度失调水平。2004 年以后两个系统的协调程度不断提升，期间有过回落，到了 2009 年协调度指数上升到了 0.712，处于中级协调阶段；2010～2014 年，两个系统的协调程度稳步增长，2014 年达到 0.937，处于优质协调阶段。故可以得出结论：西安入境旅游流与城市目的地的耦合协调程度从 2000 年的轻度失调，几经波折，发展到 2014 年优质协调的程度，但是尚处于优质协调的较低水平。现阶段而言，西安入境旅游流驱动和城市目的地响应系统稳步增长为优质协调阶段，波动较小。

5.4.2 原因剖析

在对比了 2000～2014 年西安入境旅游流驱动和城市目的地响应两个系统的耦合协调度的基础上，试图通过实证分析的研究方法结合西安近年入境旅游发展的背景和具体措施来深入剖析其产生的原因。

1）2000～2014 年我国入境旅游发展的国内外旅游大环境

2000～2014 年的十五年间，总体而言国际大环境较好，没有爆发大规模的军事战争，世界经济在前期也是稳定发展，但是在此期间国际上也发生了很多影响我国入境旅游的危机事件。例如，2001 年的“9·11”恐怖袭击事件；2003 年的“非典”肆虐了 32 个国家和地区；2004 年的禽流感波及亚洲的 10 个国家和地区；2007 年开始的美国次贷危机拖累经济增长，引发全球金融市场动荡；2008 年国际金融危机严重冲击世界经济；2009 年甲型 H1N1 流感疫情在全球的蔓延等；2010 年韩国与朝鲜冲突加剧；2011 年日本受地震海啸影响发生核泄漏事件；2013 年肯尼亚、美国、中国分别发生商场惨案、天安门广场遭受“东突”势力袭击事件，恐怖主义以新的形态威胁国际安全；2014 年埃博拉病毒肆虐引起全世界恐慌。在国内，影响比较大的旅游危机事件主要包括：2003 年“非典”的肆虐蔓延；2008 年初南方的冰雪灾害、“5·12”汶川特大地震、拉萨“3·14”暴力犯罪事件等。除此之外，2008 年北京奥运会期间出于安全考虑，我国政府在入境旅游签证方面的紧缩政策所产生的“挤出效应”等都大大影响了我国的入境旅游市场。2010 年青海玉树发生地震，2014 年昆明火车站恐怖袭击事件，这些对于我国入境旅游也产生了一定影响。

2）2000～2014 年西安入境旅游的发展阶段及其特征

回顾 2000～2014 年，西安的入境旅游发展经历了几次“波峰”和“波谷”。大致可以分为五个阶段进行总结。

（1）2000～2002 年入境旅游稳步增长阶段。2000 年美国经济持续增长，日本经济复苏，欧盟经济一体化进程加快，东南亚经济已从 1997 年亚洲金融危机低谷中走出。西安市全年接待海外旅游者 650385 人次，同比增长 17.39%；创汇 2.7 亿美元，同比增长 20%。旅游业总收入 105.41 亿人民币，同比增长 27%，占西安市国内生产总值的 15.3%。2001 年北京申奥成功，上海圆满承办 APEC 会议，我国加入 WTO 等一系列举世瞩目的重大举措，直接带动人员的往来，带动了入境旅游的发展。美国“9·11”事件及对阿富汗战争，对全球航空业和旅游业产生巨大影响，直接抑制了西安入境旅游市场的增长。2001 年 1～8 月，西安旅游客源市场一直保持两位数增长，其中海外旅游者同比增长 13.2%，创汇同比增长 14.1%。9 月以后，由于受“9·11”恐怖事件和美国对阿富汗发动军事打击的影响，西安第一大客源国——日本 9 月、10 月分别同比下降 15.44%和 18.8%，第二大客源国——美国分别同比下降 13.72%和 6.9%，同时韩国、英国、法国、德国和意大利等市场增幅减缓或负增长，但是没有影响入境旅游流总体发展水平的上升。2002 年西安市政府旅游管理部门加大了对东南亚、日本等市场的宣传促销力度，针对不同的国家和地区举办了宣传促销活动。在城市目的地通过全面开展旅游市场整顿与规范工作、打假打非专项治理工作暨中国优秀旅游城市复核工作，初步建立了部门联动机制，强化了旅游行业管理基础工作，净化了旅游市场秩序。2002 年西安共接待入境旅游者 741313 人次，同比增长 10.3%；当年的旅游外汇收入达到 3.2 亿美元，同比增长 10.4%。

（2）2003 年入境旅游因为危机事件而受到重创。2003 年对于西安入境旅游市场而言是不平凡的一年，危机事件的影响力很明显。从 3 月份美伊开战到 4 月份“非典型肺炎”的肆虐，西安市旅游业受到前所未有的重创。2003 年西安共接待入境旅游者 336654 人次，同比下降 54.6%，旅游外汇收入 1.46 亿美元，同比下降 54%。从图 5-5 可以非常明显地看到，2003 年无论是入境旅游流和城市目的地响应系统的各个子系统自身发展水平以及两者之间的协调程度都出现了“V”型的滑落。入境旅游市场对于危机事件的敏感性得以充分验证。

（3）2004～2007 年入境旅游全面复苏，稳步增长。2004 年是 2003 年重大旅游危机事件之后西安入境旅游全面复苏的一年。西安市在加强海外促销力度的同时，有重点地与国内三大航空集团协商进一步开发国际航线，其中中国国际航空股份有限公司（简称“国航”）初步确定将罗马、旧金山到北京的航线，中国南方航空股份有限公司（简称“南航”）将北京至巴黎航线，中国东方航空股份有限公司（简称“东航”）将洛杉矶、巴黎、伦敦、温哥华、曼谷、悉尼、新德里、吉隆坡到上海以及巴黎到北京的国际航线延伸到西安。2004 年西安仅有通往日本、韩国的 8 条国际航线和 2 条通往港澳的地区性航线，而在西安客源地市场占有很大份额的北美、欧洲以及南美、东南亚、非洲航线尚属空白，连我国近邻主要客源地的俄罗斯、东南亚诸国也无航线贯通。2005 年对于西安的旅游交通，特别是航空方面的发展是非常重要的一年，马来西亚航空公司于 4 月开通了西安到吉隆坡直航航线；国航于 9 月开通了西安至伦敦、巴黎、纽约、法兰克福、洛杉矶、旧金山、温哥华的国际航线；12 月，东方航空公司将其由上海至洛杉矶、巴黎、温哥华、悉尼、新德里、吉隆坡、新加坡等城市的 8 条国际航线延伸到西安。2005 年西安的国际航线数从 2003 年初的 8 条亚洲区域内航线一举增加到 25 条，从而结束了西安没有跨大洲、跨大洋国际航线的历史。这不仅实现了西安与欧洲、美洲、大洋洲重要国际城市的空中连接，而且使西安的国际航线布局趋于合理，西安市成为全国拥有国际航线数排名第四位的城市。图5-3正好能够体现出来，2005～2006年U_{Y_3}明显上升，说明西安在此期间旅游交通的综合发展水平较高；在图5-5中，D_3曲线出现明显上升态势，说明西安在此期间旅游交通的综合发展水平与入境旅游流系统耦合协调程度实现增长。

2006～2007年西安市对外宣传促销力度持续加大，2006年历史上规模最大的日本百人旅行商访问团赴西安考察，在日本旅游界引起了轰动。西安市旅游局联合国航、东航对欧洲和美国、加拿大市场进行实地促销，邀请西欧市场和北美市场媒体、客户考察西安和“丝绸之路”产品，使美国一跃成为西安的第一大客源市场。期间针对不同旅游市场的宣传需要，市旅游局首次印制了包括中文简体、中文繁体和英、日、韩、法、德、俄在内的8个语种的宣传画册，制作了中、英、日、韩、法、德、俄、西文宣传光碟，重新设计了西安旅游手提袋，采取了丰富多样的对外宣传策略。2007年西安市以奥运为契机，开展系列宣传促销，制作了《奥运西安》宣传片和广告片，借助电视媒体和有关航空公司进行宣传。在此阶段，图5-5中的各条曲线均呈现出稳步上升的态势①。

（4）2008～2009年入境旅游市场再次出现波动。2008年对于西安入境旅游发展而言也是极不平凡的一年。从国内来看，年初的冰雪灾害、“5·12”汶川大地震以及北京申办奥运的“挤出效应”等一系列重大事件给旅游业带来了巨大的冲击；国际背景的金融危机引发的世界经济低迷更是雪上加霜，西安市入境旅游出现明显的下滑态势。2008年共接待入境旅游者632036人次，同比下降38.64%，旅游外汇收入仅为3.59亿美元，同比下降33.8%。2009年经过努力入境旅游发展有所回升，西安市当年接待海外旅游者672909人次，在全国接待入境旅游者人数为负增长的情况下实现同比增长6.47%，旅游外汇收入3.9亿美元，同比增长8.6%。由图5-5可以看出，各个曲线在2009年出现小幅的上升趋势。

① 部分数据摘自西安市旅游局政府工作报告，2000～2009。

（5）2010～2014 年和全国入境旅游市场相悖，西安入境旅游市场持续小幅增长。2010 年世界最大自由贸易区“中国-东盟自由贸易区”正式建成，总人口达 19 亿，我国入境旅游主要客源国中的日本、韩国、马来西亚、菲律宾、新加坡、蒙古和泰国等都是东盟成员国。随着东盟自由贸易区的建立，我国与越南、新加坡、马来西亚、泰国、菲律宾和缅甸等东盟国家旅游局签订了旅游合作协定，对我国入境旅游的平稳发展无疑具有推动作用。2010 年西安接待入境旅游者人数 841819 人次，比 2009 年接待入境旅游者 700629 人次增长了 20.15%。旅游外汇收入由 2009 年 38293 万美元增长至 53000 万美元，同比增长了 38.41%。2013 年世界经济复苏，9 月习近平主席在哈萨克斯坦纳扎尔巴耶夫大学演讲，提出共同建设“丝绸之路经济带”，随后提出“21 世纪海上丝绸之路”的重大倡议，即“一带一路”重大倡议，有利于出境沿线各国的区域经济合作。作为古丝绸之路的起点，西安在“丝绸之路经济带”中发挥着重要作用，凭借丰富的旅游资源，“一带一路”构想为西安入境旅游发展带来了新的机遇。2013 年西安接待入境旅游者人数 1211175 人次，较 2010 年增长 43.88%；入境旅游收入 80200 万美元，较 2010 年增长 51.3%。值得一提的是西安星级饭店数量从 2009 年持续下滑至 2013 年开始回升，也由盈利状态转至亏损到目前慢慢盈利，这与图 5-2 中 U_{Y_2} 在 2013～2014 年呈现明显上升态势相符合，表明旅游接待设施综合发展水平有所提升。此外，图 5-5 中 D_2 在 2013～2014 年上扬幅度较大，甚至超过其他曲线，表明旅游接待设施综合发展水平与入境旅游流耦合协同程度有所提升，且超过其他子系统与入境旅游流系统的耦合协同程度。

第 6 章　西安入境游客对城市目的地响应的感知评价

感知满意度是考察旅游者对于城市目的地感知评价的一个重要方面。从心理学角度来看，感知满意度是旅游者对旅游目的地期望与其在该地访问时的体验进行比较而产生的结果；而从社会交换的角度分析，游客的感知满意度建立在投入和产出的对比感知基础之上，旅游者对感知到的旅游投入（时间、金钱、体力等）与产出（旅游体验结果）进行对比，如果投入与产出相符或者产出高于投入，就会产生满意感，反之则感觉不满意。游客感知满意度是测度旅游目的地旅游接待服务水平的重要指标，也能够体现游客在旅游地体验质量的高低。很多学者已经从不同的视角对不同的区域，或者从不同角度对旅游者的感知满意度进行了研究（陈晓红等，2011；张宏磊等，2011；王金莲等，2010）。现阶段西安的入境旅游流和城市目的地处于初级协调的阶段，在此选用西安入境游客的感知满意度作为西安入境旅游流驱动系统和目的地响应系统耦合协调程度的验证，试图发现它们之间的关系和吻合度。

6.1　问卷调查情况

6.1.1　问卷设计

问卷设计结合国内外旅游目的地满意度评价的相关研究文献资料，从旅游活动的六大要素（行、住、食、游、娱、购）进行设计和讨论，最后总结出 35 项游客感知的满意度评价指标，并以此为主体设计英文调查问卷。问卷还包括游客人口学统计特征、入境旅游者的动机、游客对目的地的熟悉度等内容，调查的样本抽取对象为来西安的入境旅游者。

6.1.2 数据收集

问卷调查得到了西安市旅游局的大力支持，主要依托西安市政府的重点项目《西安市旅游总体规划（修编）》。调研开始前进行了调研员的短期培训和预调研，所选择的调研人员都具有良好的英语沟通能力。调查采用随机偶遇的样本抽取方式，调查地点选在西安的各大主要景区（点），包括大慈恩寺（大雁塔）、大清真寺、秦始皇兵马俑、大唐芙蓉园、城墙和钟鼓楼广场等。在问卷调查过程中，对时间条件许可的游客，作者亲自进行了有针对性的深度访谈，获取了真实可靠的一手信息。问卷调查始于 2009 年 5 月，结束于 2015 年 10 月，总计发放英文问卷 1100 份，回收有效问卷为 998 份，问卷有效率达到 90.7%，经过后期的收集和整理，构成了本书的调研数据。

6.1.3 数据样本结构

尽管问卷设计时考虑了文化背景和个人收入的隐私性，但是鉴于问题对于研究的重要性，最终决定保留相关问题。通过样本数据的统计处理，其人口结构特征如表 6-1 所示。

表 6-1 西安入境旅游者问卷调查样本结构特征

指标	样本数	指标结构	样本数	所占比例/%
性别	951	男	536	56.4
		女	415	43.6
年龄	949	<15 岁	13	1.4
		15～24 岁	261	27.5
		25～44 岁	280	29.5
		45～64 岁	289	30.5
		>64 岁	106	11.1
职业	960	学生	281	29.3
		专业技术人员	200	20.8
		政府人员与管理人员	91	9.5
		商贸人员	14	1.5
		职员	147	15.3
		教育工作者	4	0.4

续表

指标	样本数	指标结构	样本数	所占比例/%
职业	960	工人	14	1.5
		退休者	106	11.0
		旅游从业者	6	0.6
		家庭主妇	23	2.4
		农、牧、林、渔人员	7	0.7
		其他	67	7.0
学历	921	高中及以下	199	21.6
		大专或本科	390	42.4
		硕士	237	25.7
		博士	95	10.3
年收入/美元	778	≤2 万	238	30.6
		2 万～4 万	126	16.2
		4 万～6 万	117	15.0
		6 万～8 万	116	14.9
		>8 万	181	23.3

调查结果分析显示，入境游客中有 22.2%的游客未对“个人年收入”项作答，其他题目的未作答项所占比例均很小。从表 6-1 中可以看出，西安市接待入境游客中男性所占比例略高于女性，分别为 56.4%和 43.6%；在年龄方面，入境旅游者以 45～64 岁的游客所占比例最大，其次是 25～44 岁和 15～24 岁，分别为 29.5%和 27.5%；职业方面，入境游客以学生和专业技术人员所占比例最高，共计 50.1%；学历上以大专或本科为主，占到 42.4%，其次是硕士，占 25.7%，总体来看学历层次较高。在样本的年收入方面，西安入境旅游者以 2 万美元及以下所占比例较大，为 30.6%，其次是 8 万美元以上，所占比例为 23.3%，可以看出，西安入境旅游者中偏低收入群体和高收入群体所占比例稍大，呈现出“两头大，中间小”的状况。

6.2　西安入境旅游者感知满意度评价

6.2.1　研究方法

现阶段国外在旅游者感知满意度方面的研究方法主要包括因子分

析、T-tests、聚类分析以及重要性-表现性分析等。国内的研究方法主要包括三类：第一类是层次分析法、因子分析法、模糊综合评价法和Co-plot分析和多元回归分析等（李瑛，2008）；第二类是根据美国的 ASCI 指数构建的 TSCI 指数、结构方程模型和 SERVQUAL 模型等；第三类是灰色系统中的灰色关联分析法。学者邓聚龙提出的灰色关联分析方法能够克服客观事物或因素之间相互关系比较复杂、得不到全面足够信息、不容易形成明确概念的缺陷，能够将评价因素之间的不完全确定关系进行分析，对信息不精确、不完全确定的小样本系统进行有效的数理分析。游客感知满意度的研究是通过对游客进行问卷调查而获得的信息，调查的对象只是部分旅游者，而且被调查者因为人口统计学特征上的差异使得问卷的信息产生异同，这些问题恰恰是灰色关联分析可以解决的（王恩旭等，2009）。因此本书选用灰色关联分析方法对西安入境旅游者的感知满意度进行研究。灰色关联分析的具体步骤如下。

1）确定分析数列

确定反映系统行为特征的参考序列和影响系统行为的比较序列。反映系统行为特征的数据序列，称为参考序列。影响系统行为的因素组成的数据序列，称比较序列。设参考序列（又称母序列）为 $X_0=\{Y(k)|k=1,2,\cdots,n\}$，比较序列（又称子序列）为 $X_i=\{X_i(k)|\ k=1,2,\cdots,n\}$，$i=1,2,\cdots,m$。

2）变量的无量纲化

由于系统中各因素列中的数据可能因量纲不同，不便于比较或在比较时难以得到正确的结论，因此在进行灰色关联度分析时，一般要进行数据的无量纲化处理。

3）计算关联系数

$$\xi_i(k)=\frac{\min\limits_i\min\limits_k\left|X_0(k)-X_i(k)\right|+\rho\max\limits_i\max\limits_k\left|X_0(k)-X_i(k)\right|}{\left|X_0(k)-X_i(k)\right|+\rho\max\limits_i\max\limits_k\left|X_0(k)-X_i(k)\right|}$$

若进行简化，则有

$$\xi_i(k)=\frac{\min\limits_i\min\limits_k\Delta_i(k)+\rho\max\limits_i\max\limits_k\Delta_i(k)}{\Delta_i(k)+\rho\max\limits_i\max\limits_k\Delta_i(k)} \tag{6-1}$$

式中，ρ 称为分辨系数，ρ 越小分辨力越大，一般 ρ 的取值区间为（0，1），具体取值可视情况而定，一般情况下取 $\rho = 0.5$。

4）计算关联度

关联系数是比较数列与参考数列在各个时刻（即曲线中的各点）的关联程度值，它的数不止一个，从而导致其信息过于分散不便于进行整体性比较。因此有必要将各个时刻（即曲线中的各点）的关联系数集中为一个值，即求其平均值，作为比较序列与参考序列间关联程度的数量表示，关联度 r_i 公式如下：

$$r_i = \frac{1}{n}\sum_{k=1}^{n}\xi_i\left(k\right), k = 1, 2, \cdots, n$$

6.2.2　西安入境旅游者感知满意度评价分析

1）调查数据的信度和效度检验

首先对问卷的缺失选项进行处理，利用均值进行填充。其次对入境旅游者满意度指标的调查数据进行信度检验。Cronbach's α 系数是目前最常用的信度系数，一般认为α 系数应该达到 0.7 以上。运用 SPSS 软件中的信度检验（reliability analysis）得出 Cronbach's α 系数为 0.889，表明调查量表各指标的内部一致性好，调查数据的可信度高，并且每项指标的 Cronbach's α if Item Deleted 值均在 0.869～0.876，变化很小，表明量表的效度较高，具有统计分析意义。

2）测评指标的描述性统计特征

表 6-2 显示了调查问卷统计的初步描述分析，包括各个指标的均值、方差和分析的样本数量。

表 6-2　入境旅游者感知满意度的初步描述分析

编号	评价指标	均值	方差	样本数
1	空气质量高	2.80	1.110	998
2	容易找到合适的住处	3.80	0.673	998
3	很多有趣的地方可以参观	4.08	0.711	998
4	是一个安静的地方	2.87	0.962	998
5	感觉拥挤	3.56	0.933	998
6	很适宜进行露天活动	3.44	0.773	998

续表

编号	评价指标	均值	方差	样本数
7	有高品质的餐厅	3.58	0.767	998
8	便捷性高	3.53	0.810	998
9	适宜的购物设施	3.68	0.736	998
10	有高品质的住宿	3.67	0.746	998
11	夜生活/娱乐丰富多彩	3.39	0.706	998
12	可享受集市、节日和展览	3.68	0.718	998
13	优质的服务	3.65	0.707	998
14	游客可以做不同的活动	3.84	0.653	998
15	公共安全良好	3.69	0.777	998
16	康乐设施良好	3.49	1.601	998
17	清洁和卫生良好	3.10	1.007	998
18	交通良好	3.29	0.845	998
19	有许多名胜古迹/博物馆	4.05	0.643	998
20	居民友好	3.83	0.770	998
21	有吸引人的自然景点	3.69	0.786	998
22	有轻松的气氛	3.47	0.879	998
23	社会环境良好	3.52	0.705	998
24	文化景点有一定吸引力	3.82	0.712	998
25	邮电通信发达	3.40	0.796	998
26	旅游咨询系统发达	3.42	0.849	998

3）确定数据分析序列

确定比较序列（子序列）$X_1=\{X_1(i)|\ i=1,2,3,\cdots,26\}$，比较序列对应的是问卷调查中基于旅游六要素设计的 26 个旅游目的地感知满意度评价指标，指标采用李克特量表法，分别对 5 级态度“不赞成、不太赞成、不好说、一般赞成、赞成”赋予“1、2、3、4、5”的值，感知满意程度越高，对应的分值就越高。对问卷获得的原始数据运用加权平均法［式（6-2）］得出每一指标的综合得分。

$$S=\sum_{i=1}^{5} i\cdot p_i \tag{6-2}$$

式中，S 代表感知满意值；p_i 为给感知因子打 i 分的游客百分比；i 分别对应值为 1，2，3，4，5。由式（6-2）计算可以得到表 6-3 的结果。

表 6-3　西安入境旅游者感知满意度评价值

编号	指标因子	感知质量/%					感知值 S
		1	2	3	4	5	
1	空气质量高	11.74	29.76	29.05	23.58	5.87	2.820
2	容易找到合适的住处	1.13	4.40	19.45	64.38	10.64	3.791
3	很多有趣的地方可以参观	2.22	2.32	3.93	66.26	25.28	4.100
4	是一个安静的地方	8.50	28.04	34.62	26.01	2.83	2.866
5	感觉拥挤	2.77	12.91	22.85	49.18	12.30	3.553
6	很适宜进行露天活动	2.42	7.05	40.00	45.26	5.26	3.439
7	有高品质的餐厅	1.77	5.83	31.67	53.85	6.88	3.582
8	便捷性高	3.06	9.40	25.23	57.20	5.11	3.519
9	适宜的购物设施	2.06	3.71	26.08	61.03	7.11	3.674
10	有高品质的住宿	1.77	4.17	28.02	56.15	9.90	3.682
11	夜生活/娱乐丰富多彩	1.75	4.16	50.27	38.77	5.04	3.412
12	可享受集市、节日、展览	1.17	3.84	27.93	57.14	9.91	3.708
13	优质的服务	1.47	4.10	27.44	59.94	7.05	3.670
14	游客可做不同的活动	1.45	3.21	14.91	70.08	10.35	3.847
15	公共安全良好	2.57	4.01	23.74	59.30	10.38	3.709
16	康乐设施良好	1.52	4.67	44.02	45.65	4.13	3.462
17	清洁和卫生良好	6.44	22.27	27.48	39.73	4.09	3.128
18	交通良好	3.52	12.15	38.06	42.11	4.16	3.312
19	有许多名胜古迹/博物馆	1.43	1.84	6.65	69.09	20.98	4.063
20	居民友好	2.03	4.67	15.13	62.54	15.63	3.851
21	有吸引人的自然景点	1.98	5.93	22.79	58.69	10.61	3.700
22	有轻松的气氛	3.28	13.00	24.87	53.33	5.53	3.448
23	社会环境良好	1.26	5.68	35.68	53.37	4.00	3.532
24	文化景点有一定吸引力	1.66	3.22	16.70	65.77	12.66	3.845
25	邮电通信发达	2.89	8.03	39.94	43.79	5.35	3.407
26	旅游咨询系统发达	2.81	8.01	37.25	44.02	7.91	3.462

参考序列（母序列）$X_0=\{X_0(i)|i=1,2,3,\cdots,26\}$。一般认为，游客未游览旅游目的地之前，对目的地的旅游六要素各方面内容期望值都是最高的，故此处将每个指标的最大值设为评价标准。

4）数据的无量纲化和关联系数计算

由于原始数据序列具有不同的量纲或数量级，为了保证分析结果的科学性和准确性，增强各要素之间的可比性，需要用初值化法对数据序列进行无量纲化处理，公式如下：

$$X_k^*(i)=\frac{X_k(i)}{X_0(i)} \tag{6-3}$$

式中，k=0 和 1 时，i 取 1,2,3,···,26。在此基础上再根据无量纲化后的数据结果，进行灰色关联系数计算。

$$r_i=\frac{\min_i \min_k \varDelta_k(i)+\rho \max_i \max_k \varDelta_k(i)}{\varDelta+\rho \max_i \max_k \varDelta_k(i)} \tag{6-4}$$

式中，r_i代表灰色关联系数；$\varDelta=|X_0^*(i)-X_1^*(i)|$，$X_0^*$和$X_1^*$分别代表无量纲化后的参考序列和比较序列（$i$ 取 1,2,3,···,26）；ρ 称为分辨系数，其值越小分辨力越大，一般 ρ 的取值区间为（0，1），具体取值可视情况而定，通常取 ρ 为 0.5，其计算结果如表 6-4 所示。

表 6-4　原始指标因子的无量纲化及灰色关联系数计算

编号	指标体系	$X_0^*(i)$	$X_1^*(i)$	$\varDelta$	r_i	排序
1	空气质量高	1	0.688	0.312	0.333	26
2	容易找到合适的住处	1	0.924	0.076	0.674	6
3	很多有趣的地方可以参观	1	1.000	0.000	1.000	1
4	是一个安静的地方	1	0.699	0.301	0.341	25
5	感觉拥挤	1	0.867	0.133	0.539	14
6	很适宜进行露天活动	1	0.839	0.161	0.492	20
7	有高品质的餐厅	1	0.874	0.126	0.553	13
8	便捷性高	1	0.858	0.142	0.524	16
9	适宜的购物设施	1	0.896	0.104	0.600	11
10	有高品质的住宿	1	0.898	0.102	0.605	10
11	夜生活/娱乐丰富多彩	1	0.832	0.168	0.482	21
12	可享受集市、节日和展览	1	0.904	0.096	0.620	8
13	优质的服务	1	0.895	0.105	0.598	12
14	游客可做不同的活动	1	0.938	0.062	0.7163	4
15	公共安全良好	1	0.905	0.095	0.621	7
16	康乐设施良好	1	0.844	0.156	0.5005	18
17	清洁和卫生良好	1	0.765	0.237	0.397	24
18	交通良好	1	0.808	0.192	0.448	23
19	有许多名胜古迹/博物馆	1	0.991	0.009	0.946	2
20	居民友好	1	0.939	0.061	0.720	3
21	有吸引人的自然景点	1	0.902	0.098	0.615	9
22	有轻松的气氛	1	0.841	0.159	0.495	19

续表

编号	指标体系	$X_0^*(i)$	$X_1^*(i)$	Δ	r_i	排序
23	社会环境良好	1	0.861	0.139	0.529	15
24	文化景点有一定吸引力	1	0.938	0.062	0.7159	5
25	邮电通信发达	1	0.831	0.169	0.480	22
26	旅游咨询系统发达	1	0.844	0.156	0.5006	17

5）计算关联度

关联系数是比较数列与参考序列在各个时刻（即曲线中的各点）的关联程度值，其值不止一个，从而导致信息过于分散不便于进行整体性比较。因此有必要将各个时刻（即曲线中的各点）的关联系数集中为一个值，采用求其平均值的方法，作为比较序列与参考序列间关联程度的数量表示，关联度 R 的计算公式如下：

$$R = 1/n\sum r_i \tag{6-5}$$

式中，R 为反映入境旅游者感知满意度的灰色关联度；n 为 26；i 取 1，2，3，…，26。由式（6-5）计算得到基于灰色关联度的西安入境旅游者的总体感知满意度评价值 R 为 0.578。将游客感知满意度得分 0～1 划分为五个等级（表 6-5），入境游客的总体评价为“一般”，从具体各个指标的评价值所归属的类别可以判断出入境旅游者对于西安城市目的地哪些方面比较满意或者不满意。

表 6-5　入境旅游者感知满意度评价等级划分

级别	很好	好	一般	差	很差
满意度评价值	0.8～1.0	0.6～0.79	0.4～0.59	0.2～0.39	0～0.19
指标编号	3，19	2，9，14，20，21，24	6，7，8，11，13，16，17，18，22，23，25，26	1，4，17	

6.2.3　结果分析

（1）从上述分析可以看出，入境旅游者对西安城市旅游的感知满意度中非常认同西安的旅游资源，“很多有趣的地方可以参观”和“有许多名胜古迹/博物馆”选项的满意度为很好，关联度值分别为 1 和 0.946；住宿和餐饮设施以及居民友好等满意度也比较高，其中对“居民友好”

的感知关联度值为 0.720，排名第 3 位；但是对于西安的空气质量、清洁和卫生状况以及拥挤的感知都较差；其余选项均为“一般”。根据总体满意度评价值 0.578 来看，西安入境旅游者的感知满意度评价为“一般偏好”。

（2）问卷过程中作者对时间条件允许的部分游客进行了深度访谈。由于国家背景和区域文化差异的存在，不同国家的游客对于西安城市旅游各个方面的感受有些差异，但是通过整理访谈记录总结发现，入境游客中较普遍存在的“不满意”主要集中在旅游活动中的沟通交流、城市基础设施和城市旅游的宣传促销及信息获取方面，具体内容如表 6-6 所示。

表 6-6 基于深度访谈的西安入境游客感知评价差的主要方面

项目	具体内容
沟通交流	城市居民的英文沟通能力较差 宾馆餐厅的服务人员英文沟通能力差 很多公共场所没有英文标示、地图等 景区（点）的英文介绍太少，错误多
基础设施	城市公共交通不够发达（公交车没有时刻表、地铁少、出租车少等） 城市交通中转站的公用设施需要进一步提高，如火车站没有行李推车 公共厕所问题突出（坐便器少、没有提供卫生纸、卫生差、排队时间长）
宣传促销	网络宣传力度不够，没有太多的信息来源

（3）本书第 5 章运用官方统计数据，结合数理模型分析得出结论：尽管在 2000～2014 年的十五年西安入境旅游遭遇了挫折和波动，但整体发展情况还是趋向良好的。2009～2012 年西安入境旅游流与城市目的地的耦合协调度为中级协调到良好协调阶段，期间波动较小。基于入境游客感知的市场问卷调查分析也得出结论：入境游客的整体感知满意度评价为“一般偏好”。也就是说，基于市场调查问卷的西安入境旅游者的感知满意度评价和基于数据量化模型分析的结论在现阶段趋于一致，上述的理论模型在实践中得到了有效的验证。

6.3 西安入境旅游者旅游动机分析

在基于市场调查分析入境旅游者对西安城市响应的感知满意度评

价之后，有必要对其入境旅游的旅游动机做补充分析，揭示西安入境旅游者动机和感知满意度评价之间的关系。

6.3.1 数据有效性分析

采用 SPSS 统计软件，通过因子分析法对影响西安入境旅游者的动机驱动进行分析。对问卷数据指标的效度进行考察，即求出指标的 KMO（Kaiser-Meyer-Olkin）值和巴特利特球形检验（Bartlett test of sphericity）值。KMO 值越接近 1，数据越适合做因子分析。巴特利特球体检验是为了判断相关系数矩阵是否为单位矩阵，如果是单位矩阵就不适合做因子分析。根据因子分析中提取公因子的标准，只保留特征值大于 1 的公因子，在最终的公因子结构中，只有因子负荷和公因子方差比大于 0.5 的指标才被纳入其中。公因子方差说明提取公因子后，各变量中信息分别被提取出的比例，其取值在 0～1，值越大，说明该变量能被因子说明的程度越高。

由表 6-7 可知，入境游客旅游动机调查问卷的 KMO 值为 0.885，根据 Kaiser 给出的标准，这些关于旅游动机的数据适合进行因子分析。Bartlett 球形检验给出的相伴概率为 0.000，小于显著性水平 0.05，因此拒绝 Bartlett 球形检验的零假设，认为该数据适合进行因子分析。

表 6-7 调查问卷旅游动机选项的 KMO 值与巴特利特球形检验

KMO 值		0.885
Bartlett 球形检验	卡方值	5296.876
	自由度	105
	P 值	0.000

6.3.2 入境游客旅游动机的因子分析

采用统计软件 SPSS 17.0 进行数据的分析和处理，具体输出结果如表 6-8 所示。

表 6-8 调查问卷旅游动机选项的公因子方差比

旅游动机	初始值	共性方差
1 做不同的事情	1.000	0.601
2 激发情绪和灵感	1.000	0.680
3 寻找有趣的人	1.000	0.624

续表

旅游动机	初始值	共性方差
4 了解新的地方	1.000	0.647
5 做个冒险家	1.000	0.474
6 玩、找乐子	1.000	0.509
7 增加知识	1.000	0.732
8 了解不同的文化和生活方式	1.000	0.733
9 丰富自己的智力	1.000	0.652
10 缓解压力	1.000	0.717
11 摆脱常规	1.000	0.566
12 放松身体	1.000	0.701
13 交友	1.000	0.597
14 去我朋友没有去过的地方	1.000	0.810
15 与我的朋友谈论旅行经历	1.000	0.795

从表 6-8 分析可知，只有一个指标的共性方差小于 0.5，其余指标变量的共性方差均在 0.5 以上，且大多数接近或超过 0.7，说明这 4 个公因子能够较好地反映原各指标变量的大部分信息。

SPSS 软件的输出结果显示（表 6-9），前 4 个主成分的特征值都大于 1，它们的贡献率分别为 37.725%、13.924%、7.224%和 6.706%，累计贡献率达到了 65.579%，也就是说约 66%的总方差可以由 4 个潜在因子来解释。

表 6-9 调查问卷旅游动机选项的公因子提取和因子旋转结果

成分	初始特征值			提取平方和载入			旋转平方和载入		
	合计	方差百分比/%	累积百分比/%	合计	方差百分比/%	累积百分比/%	合计	方差百分比/%	累积百分比/%
1	5.659	37.725	37.725	5.659	37.725	37.725	3.333	22.222	22.222
2	2.089	13.924	51.649	2.089	13.924	51.649	2.347	15.645	37.867
3	1.084	7.224	58.872	1.084	7.224	58.872	2.308	15.387	53.254
4	1.006	6.706	65.579	1.006	6.706	65.579	1.849	12.325	65.579
5	0.773	5.152	70.731						
6	0.649	4.328	75.059						
7	0.574	3.830	78.889						
8	0.524	3.492	82.381						
9	0.496	3.310	85.691						
10	0.430	2.867	88.558						

续表

成分	初始特征值			提取平方和载入			旋转平方和载入		
	合计	方差百分比/%	累积百分比/%	合计	方差百分比/%	累积百分比/%	合计	方差百分比/%	累积百分比/%
11	0.415	2.766	91.324						
12	0.384	2.558	93.882						
13	0.336	2.242	96.124						
14	0.323	2.155	98.278						
15	0.258	1.722	100.000						

根据因子载荷大于 0.5 的原则，因子 1 在多数原始指标上有较大的载荷，因子 2 在“了解新的地方”“增加知识”指标上有较大载荷，因子 3 和因子 4 则不具有明显的意义（表 6-10）。因此需要对因子载荷阵进行四次方最大旋转。

表 6-10　调查问卷旅游动机选项旋转前的因子载荷阵

旅游动机	因子			
	1	2	3	4
1 做不同的事情	0.584	−0.135	0.409	−0.272
2 激发情绪和灵感	0.638	0.002	0.474	−0.219
3 寻找有趣的人	0.659	0.124	0.298	−0.291
4 了解新的地方	0.608	−0.514	−0.117	0.003
5 做个冒险家	0.626	−0.206	−0.006	−0.199
6 玩、找乐子	0.665	0.235	0.044	−0.102
7 增加知识	0.635	−0.515	−0.191	0.163
8 了解不同的文化和生活方式	0.588	−0.584	−0.113	0.183
9 丰富自己的智力	0.638	−0.458	−0.133	0.134
10 缓解压力	0.578	0.372	0.207	0.450
11 摆脱常规	0.694	0.106	0.067	0.261
12 放松身体	0.444	0.431	0.105	0.554
13 交友	0.588	0.490	−0.078	−0.071
14 去我朋友没有去过的地方	0.597	0.417	−0.489	−0.202
15 与我的朋友谈论旅行经历	0.634	0.357	−0.466	−0.219

通过对因子载荷阵进行四次方旋转，得到了 15 个指标在 4 个因子上的新载荷阵。从表 6-11 可以看出，指标“做个冒险家”和“玩、找乐子”的因子载荷都小于 0.5，被排除在四大公因子之外。因子 1 支配的旅游动机指标有“了解新的地方”“增加知识”“了解不同的文化和生

活方式”和“丰富自己的智力”，可以归纳总结为公因子一：体验和求知；因子 2 支配的指标有“交友”“去我朋友没有去过的地方”和“与我的朋友谈论旅行经历”，可以归纳总结为公因子二：声望和尊重；因子 3 支配的指标包括“做不同的事情”“激发情绪和灵感”和“寻找有趣的人”，可以归纳总结为公因子三：寻求刺激；因子 4 支配“缓解压力”“摆脱常规”和“放松身体”3 个指标，因此其可以归纳总结为公因子四：逃逸和放松。

表 6-11　旋转后的因子载荷阵

旅游动机	因子			
	1	2	3	4
1 做不同的事情	0.300	0.033	0.713	0.037
2 激发情绪和灵感	0.228	0.072	0.769	0.174
3 寻找有趣的人	0.183	0.281	0.702	0.139
4 了解新的地方	0.774	0.085	0.200	−0.032
5 做个冒险家	0.495	0.252	0.406	−0.020
6 玩、找乐子	0.208	0.439	0.442	0.279
7 增加知识	0.842	0.091	0.084	0.085
8 了解不同的文化和生活方式	0.847	−0.023	0.099	0.071
9 丰富自己的智力	0.782	0.095	0.144	0.103
10 缓解压力	0.125	0.187	0.249	0.778
11 摆脱常规	0.386	0.251	0.287	0.521
12 放松身体	0.046	0.185	0.061	0.813
13 交友	0.014	0.605	0.319	0.360
14 去我朋友没有去过的地方	0.150	0.872	0.096	0.132
15 与我的朋友谈论旅行经历	0.207	0.849	0.137	0.110

6.3.3　结果分析

从表 6-12 中可以比较清晰地看出：西安入境旅游者的旅游动机可以分为四个公因子，分别为体验和求知、声望和尊重、寻求刺激以及逃逸和放松。其中第一个公因子的贡献率最高达 37.7%，第二公因子，贡献率为 13.9%，第三公因子贡献率为 7.2%，第四公因子的贡献率为 6.7%，四个公因子的累计贡献率达到 65.6%，能够较好地解释入境旅游者旅游动机的各个指标变量。

表 6-12　西安入境游客旅游动机指标因子分析结果

项目		因子载荷				变量共同度	均值
		1	2	3	4		
公因子一：体验和求知	了解新的地方	0.774				0.647	4.29
	增加知识	0.842				0.732	4.32
	了解不同的文化和生活方式	0.847				0.733	4.43
	丰富自己的智力	0.782				0.652	
公因子二：声望和尊重	交友		0.605			0.597	3.08
	去朋友没有去过的地方		0.872			0.810	3.51
	与我的朋友谈论旅行经历		0.849			0.795	3.64
公因子三：寻求刺激	做不同的事情			0.713		0.601	3.88
	激发情绪和灵感			0.769		0.680	3.63
	寻找有趣的人			0.702		0.624	3.61
公因子四：逃逸和放松	缓解压力				0.778	0.717	3.21
	放松身体				0.521	0.701	3.11
	摆脱常规				0.813	0.566	3.75
	特征值	5.659	2.089	1.084	1.006		
	贡献率/%	37.7	13.9	7.2	6.7	65.6（累计贡献率）	

从表 6-12 可以看出，西安入境旅游者的动机可以依据其重要性总结为：体验和求知、声望和尊重、寻求刺激以及逃逸和放松，其中体验和求知、声望和尊重所占的比例更大。体验和求知是一种发自个人内心深处的了解周围世界的欲望，通过不断的学习体验和探索充实、更新和丰富自己；声望和尊重对于个人的需求而言属于高层次的精神需求，个体总是力图通过自己的改变去赢得周围环境的认可和肯定；寻求刺激则更多地体现在对于熟悉环境的厌倦和寻求新鲜；逃逸和放松是人们可以直接感知到的个体需求，试图通过短暂的逃离缓解压力和放松身心，这些都是旅游需求的本质。

作为中国和世界的历史文化名城，西安城市目的地的吸引力主要表现在其历史文化特征上。结合上述旅游动机的分析结果，如何在城市旅游过程中更为便捷有效地展现城市的历史文化内涵，使得它能够被旅游者所理解和接受，是提高入境游客对于城市目的地感知评价的一个关键问题。换句话说，有利于旅游者体验、获取知识的途径是否便捷将直接影响西安入境旅游者的感知满意度评价，这一点在前面的市场调查结果中也有所体现和印证。入境游客的感知评价较差的“旅游活动中的沟通交流”，包括城市的英文标志（道路标志、地图、指南等），景区（点）的英文导游解说系统等，都是西安今后发展入境旅游过程中应该注意改进和完善的问题。

第 7 章　西安入境旅游发展的思考与启示

7.1　西安入境旅游发展的现实背景

7.1.1　城市地位提升的机遇

西安地处我国的地理中心，是西北通往西南、中原、华东和华北的门户，也是连接我国东西、贯通南北“大十字”交通的重要枢纽，联结着我国中西部四大经济区域——关天经济区、成渝经济区、中原经济区和武汉城市圈。目前，西安已形成了以航空、铁路、公路为主的现代化立体交通网络，拥有多条国际航线，众多高速公路和铁路在此交汇。此外，西安咸阳国际机场的扩容提升（全国第四大机场）及多条高铁的建设将进一步提升西安的交通枢纽地位，西安的集散中心区位优势将进一步凸显。2009 年国家发展和改革委员会颁布的《关中-天水经济区发展规划》明确提出把西安建设成为国际化大都市。这从根本上提升了西安在国家战略层面的城市定位，也就是说，西安有望成为与北京、上海并列的中国第 3 个国际化大都市。在规划中，西安 2020 年城市人口将超 1000 万，面积达到 1200km^2，这将为西安城市入境旅游的发展提供千载难逢的发展契机。2008 年，西安建立了国际港务区，该项目是陕西省“十一五”重大建设项目。西安国际港务区位于西安市东北部灞渭三角洲，规划建设面积为 44.6km^2，是西安经济社会发展和城市建设“北扩、东拓、西联”的前沿区域，交通十分便利。2010 年 7 月港务区已建成西安保税物流中心、铁路集装箱中心站等项目，并交付使用。这些都显示了西安在全国战略层面地位的提升，对于西安的入境旅游发展无疑是一个很好的“助推器”。2013 年习近平主席在哈萨克斯坦发表重要演讲，首次提出了加强政策沟通、道路联通、贸易畅通、货币流通、民心相通，共同建设“丝绸之路经济带”的战略倡议。国家建设“丝绸之路经济带”的宏伟目标，为西安这座千年古都实现复兴开启了新的发展机遇。西安是古代“丝绸之路”的起点，作为连接“丝绸之路”国家的陇海兰新铁路沿线最大的西部中心城市，具有承东启西、连接南北的重要战略地位。西安城市地位的提升势必对西安的入境旅游发展起到一定的促进作用。

7.1.2 宏观政策机遇

2009 年 7 月国务院颁布了我国第一部文化产业专项规划《文化产业振兴规划》，规则中明确了文化产业的发展地位和目标，标志着文化产业已经上升为国家的战略性产业。国家将重点推进的文化产业包括文化创意、影视制作、出版发行、印刷复制、广告、演艺娱乐、文化会展、数字内容和动漫等。西安作为一个文化底蕴极其深厚的城市，国家文化振兴机遇为其进一步促进文化产业和旅游产业的融合提供了有利的政策背景。2009 年 12 月国务院颁布了《关于加快发展旅游业的意见》，为旅游业突破发展提供了强有力的政策支持。该意见提出旅游业在保增长、扩内需、调结构等方面将发挥优势产业的作用，并计划把旅游业培育成国民经济的战略性支柱产业。继国务院出台《关于加快发展旅游业的意见》后，2013 年国家旅游局颁布了《国家旅游休闲计划纲要》，提出落实职工带薪年休假制度。同年，规范旅游市场秩序的《中华人民共和国旅游法》正式颁布实施。这些重大举措都构成了城市入境旅游的宏观政策环境，同时也为西安入境旅游的发展创造了很好的政策支持环境。

7.1.3 国际旅游市场竞争日趋激烈的挑战

国际旅游业竞争的态势日益激烈，旅游市场的格局也发生了一定的改变。世界旅游传统强国继续巩固市场并不断扩张，而发展中国家——马来西亚、埃及、巴西、越南、蒙古等国发展旅游的势头有增无减，这将会对西安拓展入境旅游市场形成巨大的挑战。西安、开罗、雅典和罗马并称世界“四大古都”，历史上都曾影响过世界，都有世界级文化遗产与丰富的历史遗迹，均可堪称世界级的考古博物馆，都是历史上某帝国或国家的首都。除此之外，各个国家都有自己的历史文化名城，这些城市在某种程度上都存在竞争关系，共同参与国际城市旅游市场的竞争。

7.1.4　国内其他旅游城市的竞争挑战

截至 2013 年，已经有 339 座城市被国家旅游局评为“优秀旅游城市”。截至 2014 年 8 月，国务院已将 125 座城市列为中国历史文化名城。这些城市在旅游资源赋存和城市类型方面存在竞争和互补关系。西安是中国首批“历史文化名城”和中国“优秀旅游城市”，但是作为中国历史文化名城，在旅游资源吸引方面，其与东部的北京、南京、杭州及中部的洛阳、安阳、开封之间存在竞争关系。相比而言，西安历史文化底蕴更加厚重，但经济实力和区位优势不及北京、南京和杭州。正如本书第 1 章内容所述，在入境旅游接待人数和旅游外汇收入方面，西安和很多同类型、同级别的城市存在很大的差距。面对日趋激烈的国际国内市场竞争，西安如何利用自身的优势在众多的同质性城市目的地中脱颖而出，吸引更多的国际客源并延长他们的停留时间、增加旅游外汇收入是西安市入境旅游发展必须解决的问题。

7.2　西安发展入境旅游的战略目标

依据 2011 年修订的《西安市旅游发展总体规划》，西安市旅游业发展的战略目标定为：按照“人本化、体验化、休闲化、动感化”的旅游发展理念与城市“四化理念”，紧紧围绕建设国际一流旅游目的地发展目标，依据旅游发展趋势与市场需求，集成整合优势资源，强势推进转型升级、集聚区带动、产业融合、市场瓶颈突破、城市（旅游）大提升五大战略，构建符合现代旅游发展的产业体系与空间格局，使旅游业成为西安（城市）国民经济中的战略支柱性产业和人民群众满意的现代服务业。以十二大旅游集聚区建设为突破口，实施项目高端创意、品牌景区建设、精品旅游线路组织，打造历史文化遗产与时尚专题旅游为主体的多元化产品体系，创建享誉国际国内市场的产品品牌。创意营销理念，实施八大营销工程，强力拓展入境与国内两大市场，推广与彰显西安“东方文化古都，国际生态名城”旅游形象。完善与建设旅游基础与服务设施，理顺旅游管理体制，规范与提升服务质量，优化西安旅游环境。规划到 2020 年旅游实现跨越式发展，使西安成为活力之城、适游之地、宜居之市、文明之都与“世界旅行中心”，最终实现“国际一流旅游目的地城市”的宏伟战略目标。对于入境旅游发展指标，规划中提出在 2020 年西安要达到年接待入境旅游者 300 万人次，入境游客人均停留时间达 3.5 天以上，人均日消费 800 美元左右。

7.3　针对入境旅游流驱动特征的理性思考

7.3.1　理解入境旅游需求的本质

入境旅游的主体是入境旅游者，他们离开居住地、跨越国境而到另一个国家或地区进行旅行和游览活动。入境旅游者需求的实质是体验和经历，入境旅游更是体验经济跨文化域的实践形式。美国学者 Pine 和 Gilmore 于 1998 年在《哈佛商业评论》上发表了题为“欢迎进入体验经济”（*Welcome to the Experience Economy*）的文章。首次提出体验经济是继农业经济、工业经济和服务经济之后产生的一种新的经济形态，体验是指企业以服务为舞台，以商品为道具，从而为个体消费者营造一种难忘的经历。体验经济在服务经济的基础上产生，而在很大程度上又不同于服务经济，它的实质是强调“顾客参与”和“顾客与环境的关系（顾客涉入）”（Pine et al.，1999）。体验经济时代的到来，标志着人们消费心理和消费方式进入了一个新的阶段，个性化的服务、个性化的产品和个性化的消费方式将逐渐占据体验经济时代消费活动的主体。

旅游活动是体验经济的一种很好的表现形式，入境旅游则是体验经济在跨文化领域的实践活动。在体验经济背景下，入境旅游具有一些新特征：从消费结构看，入境旅游者更多地关注精神体验和情感沟通；从消费内容看，入境旅游者从习惯于标准化产品和一般化服务向定制化产品和个性化服务转变；从消费价值看，入境旅游者由消费“结果”转变为消费“过程”，不再只关注产品本身，而是关注整个旅游活动过程的感觉和体验，甚至更多地关注目的地居民的生活方式而不是景点；从旅游产品形式看，入境旅游者更青睐于互动参与式双向沟通型产品；从心智模式看，入境旅游者由对自身利益的关注逐步转向对旅游目的地社会经济、环境可持续发展的关注。鉴于此，如何真正理解入境旅游者的需求实质，设计和营造出能够吸引入境旅游者、留住游客的产品和城市氛围是城市发展入境旅游的关键所在。

7.3.2 满足入境旅游者动机诉求

西安城市入境旅游者的动机可以依据其重要性总结为：体验和求知、声望和尊重、寻求刺激以及逃逸和放松，其中，体验和求知、声望和尊重所占的比例更大。但是在满足体验和求知的旅游动机诉求方面，西安作为历史文化型城市发展旅游则具有一定的局限性。这种不和谐主要表现在文物保护与旅游开发、城市旅游资源禀赋和体验经济内涵以及旅游产品形式和游客体验实质之间的关系上。西安是我国首批国家级历史文化名城，也是世界闻名的历史文化型城市。根据《中华人民共和国文物保护法》，历史文化名城是指“保存文物特别丰富，具有重大历史文化价值和革命意义的城市”。对于历史文化型城市旅游而言，文物保护和旅游开发既有矛盾的一面，又有相互促进的一面。当然相互促进的一面更好协调也更易理解。在实践当中，旅游开发者则更多地强调其经济特征，强调文物旅游所能产生的经济效益，即使旅游开发者能够意识到文物保护的重要性，但因其视角的不同也会产生不同的效果。文物保护部门则更多地关注保护而强调开发的负面效应。历史文化名城以文物为主体的旅游资源禀赋决定了其在参与旅游体验过程中所存在的一些局限性。这些城市的旅游资源往往总量丰富、文物价值高、知识含量高、专业特色浓厚、通俗性较差、参与性较低，或者说静态资源多而动态体验少。旅游作为一种生活方式，其本质是追求审美和愉悦，通过旅游的过程去体验差异和新奇。不同于其他城市旅游，历史文化名城旅游相对而言要求旅游者具备一定的历史文化知识和较强的感悟能力，具备理解历史事件和人物的基本素质。然而这两者之间的距离又要通过旅游活动实现的媒介（包括旅游中间商、导游服务、目的地居民等）去弥合。旅游实现媒介作用发挥的好坏直接影响旅游者的体验质量，动态体验环节的不足又与体验经济时代的消费特征相抵触。历史文化名城的资源禀赋决定了它的旅游产品形式。历史文化名城旅游核心产品可以归纳为：博物馆类、陵墓类、名人故居、节事类（庆典事件、仿古模拟）、古代建筑和宗教类（宗教建筑、礼仪庆典）等。这种产品形式强调文化性、历史性和知识性。游客体验的本质为“过程消费”而非“结果消费”，体验的核心精神表现为以互动参与式取代单项沟通式。某种程度而言，游客是“生产者”而非单纯的“消费者”。体验经济时代，游客特别是入境游客趋向于追求异域的文化、不同的生活方式、个性化的产品和服务、自身的“沉浸”和愉悦。如何去弥补这些不足，使之转换为优势，则需要城市旅游规划、旅游产品开发和旅游服务提供部门和目的地管理部门相互协调配合。有学者研究表明，西安入境市场旅游营销与城市经营所欲展示的核心旅游品牌特征并未获得入境游客的完全理解和认可（白凯，2011），也就是没有真正满足入境旅游者的动机诉求，这也是以后应该加强的方面。

7.4 西安城市旅游目的地响应系统的完善

7.4.1 城市旅游市场营销强化

在城市目的地的市场营销领域，城市形象和旅游形象都是很关键的环节。城市形象是在城市自然和人文环境基础上经过长期的发展而形成的，可以说是一个包括了很多相关内容的领域，涉及城市建筑学、景观学、环境科学、雕塑理论、美学、城市社会学、生态学、城市哲学、园林学、管理学和城市心理学等学科。良好的城市环境和形象可以产生像中国明朝文震亨曾有的“三忘”效果，即“令居之者忘老，寓之者忘归，游之者忘倦”。或者说，城市形象是城市内外部公众对城市总体的、抽象的、概念的认识和综合评价，是一座城市的内在历史底蕴和外在特征的综合表现，代表了一种由个人或集体的意向所支持的现实。其内容包括硬件和软件两个部分：硬件形象是城市的物化特征，包括城市形态、城市格局、城市建筑、城市道路、园林绿化和环境卫生等，是城市形象的重要物质承载；软件部分包括城市人的行为、市民时尚、城市文明、群体活动和城市政府形象等，是城市形象的内涵和特质。也有人认为，城市形象是人们对自己所能接触到的城市信息筛选后的直接感知。人们对城市的理解和认知，都是通过城市的某一部分获得总体印象的经验感知，有人将其称之为“意向地图”（mental map）。城市形象反映的是城市总体的特征和风格，它是在城市功能定位的基础上，将城市的历史传统、城市标志、经济支柱、文化积淀、市民风范和生态环境等要素塑造成可以感受的表象和能够神会的内涵（孟凡荣等，2003）。依据上述理论可以看出，城市形象具有整体性、全局性和感知性的特征。

城市旅游形象是城市形象的重要组成部分，两者之间相互依存、相互影响。城市旅游形象是指城市的内外部公众对城市旅游外在景观特征和内在历史文化底蕴体验或感知所形成的总体的、抽象的、概括的认识与评价，是对城市旅游目的地的历史印象、现实感知和未来信念的一种理性综合。其实质是整个城市作为旅游产品的特色和综合服务质量等级，是城市旅游的历史和现实发展实践与多方面功能所形成的。城市旅游形象表现出的旅游知名度和美誉度，是城市旅游综合素质的反映（程金龙等，2004）。一般地，学者们通常也借鉴管理学中企业形象识别系统中的理念识别、行为识别和视觉识别对城市旅游形象进行构建和解释。从理念识别的角度看，城市旅游形象是城市旅游的经营者和供给者想通过特定的城市旅游资源和氛围所展现出来的旅游地概念或者信念；从行为识别系统来理解，城市旅游形象是基于城市旅游的各个利益相关者行为所展示出来的服务、沟通和游客感知；从视觉识别系统看，城市旅游形象是旅游者审美愉悦本质追求的外在吸引，包括城市旅游的标志系统，景区景点、特色街区的外在美学特征等。不同于城市形象，城市旅游形象的受众是国内外现实或者潜在的旅游者，其功能针对的是城市的旅游功能而非城市整体，它是建立在城市发展和城市旅游发展的基础上可以不断更新的形象体系，是受众对城市旅游产品、旅游服务质量和目的地城市旅游综合实力等的体验、感知和评价。一般情况下，城市旅游形象和城市形象可以存在差异。例如，香港的城市形象为“亚洲国际都会”，而受众普遍接受的城市旅游形象则为“购物和美食天堂”。

鉴于上面的阐述，作者在此提出西安发展入境旅游应该树立城市形象和城市旅游形象并推的思路。西安入境旅游者的旅游动机主要体现在体验和求知、声望和尊重、寻求刺激以及逃逸和放松四个方面。这就要求城市目的地不仅仅要在旅游形象方面有鲜明的特征，还要在城市整体形象方面给予一定的感知强化。现阶段在国际旅游市场的宣传促销中最多见的旅游形象就是兵马俑，而宣传整个城市形象的视觉符号则很少出现。作者认为，在旅游形象构建和推广的同时，城市形象的构建和推广不容忽视，城市形象在某种意义上更能打动入境旅游者内在的隐性的旅游动机。此外，市场营销的方式、方法和手段以及政府管理部门的政策，资金的投入也是强化城市旅游市场营销的强有力的保障因素。

7.4.2　城市旅游环境优化

如前所述，普遍意义上认为城市旅游环境分为人文环境和自然环境，具体而言可以分为社会、经济、文化和生态环境。旅游环境系统是城市旅游系统所应具备的有利于游客更好感知整个城市的通道和媒介。西安要建成世界一流旅游目的地，城市旅游环境建设和优化就成为必须关注的重点。这其中包括硬环境和软环境，硬环境即旅游基础设施、专用设施、景点（区）的开发和建设以及生态环境等方面；软环境则更多地关注城市精神、城市文化、社区居民的好客程度、交流沟通能力和社会风尚等方面。城市的旅游环境是入境旅游者实现其跨文化域体验的一个平台，旅游者正是通过整个旅游环境系统来感知城市目的地及其产品。在此想强调的是城市入境旅游者逐渐由浅层次的观光型旅游转变为深层次的体验旅游，入境游客和城市旅游环境的关系已经转变为“吸收或者沉浸”（absorption and immersion），因此旅游环境的优化就显得尤为重要。针对入境游客的市场调查结果显示，入境旅游者不满意的环境因素主要集中在城市空气质量、市民的语言沟通能力和城市基础设施方面。因此，不断加强环境保护和管理的力度，努力培养和提高市民的外语语言能力和沟通技巧，继续完善城市基础设施条件是西安发展入境旅游、建成国际一流旅游目的地进程中一个需要长期坚持的方向。

7.4.3 旅游产品优化

针对入境旅游市场，西安的城市旅游产品优化要遵循使精品更加贴近入境市场需求，并适度开发深度旅游产品的原则。西安旅游产品功能结构相对单一是长期以来旅游业界和学术界关注的问题。今后的发展要顺应现代旅游市场发展趋势，以特色化、精品化、品牌化为目标，倡导实施“彰体验，推生态，强休闲”的产品开发策略，着力打造古都文化体验旅游产品，强力推出生态休闲旅游产品、温泉度假旅游产品、现代商务会展旅游产品，策划开发主题化游乐旅游产品，加速推进西安旅游产品的转型升级与结构优化。一方面，针对一般入境旅游者的特点，运用精品战略，突出观光、体验旅游产品，激发他们对中国历史文化的浓厚兴趣，提升西安旅游的国际品牌知名度。例如，重点进行秦始皇兵马俑及其周边环境的整治和配套，增强参与性、提高感悟性，在博物馆内分设体验区（相关知识竞答、仿陶俑烧制、电脑游戏仿真等）。另一方面，适度推出深度旅游体验产品。在课题的调研阶段，针对部分入境游客的深度访谈结果显示，部分游客渴望对西安城市进行深层次的了解和感悟，甚至对于城市周边的乡村生活兴趣浓厚。适度地开发一些深度旅游产品对于提高入境游客的满意度和重游率、延长入境游客的停留时间、增强国际旅游的文化交流功能都具有积极的现实意义。

具体到品牌方面，可以重点打造三大垄断性顶级品牌：“西安·世界古都”“丝绸之路起点”和“中国皇家 SPA 康体休闲地”。它们既可以满足入境游客体验世界文化遗产，感受中国古代文明，又可以满足深层次地了解中国古代文明和现代生活的桥梁。产品方面可以进一步开发深化“丝绸之路”溯源游、世界遗产西安游、东方文化修学游、佛教文化朝拜游、皇家温泉休闲游和世界秦岭体验游等。这些对于提升城市旅游感知质量和延长游客停留时间都能够起到积极的作用。

7.4.4 旅游服务优化

入境旅游服务的对象是入境旅游者，而不同国家或地区的旅游者又会因不同的文化背景呈现出对高质量服务认同感上的差距。这就要求入境旅游服务要具有“个性化”，追求“人性化”和“差异化”。

加强旅游人才的引进和培养。将旅游人才的引进纳入西安人才引进建设规划，积极引进高级经营管理人员及旅游业界精英，实施高薪聘请及创业优惠扶持等政策。加大旅游企业与旅游高等院校的合作力度，积极拓展旅游职业院校的发展空间，为旅游企业注入新鲜血液，为大专院校学生提供实践平台。人才培养要注重跨文化域沟通技能的培养和培训，如语言沟通技能、通晓和理解不同国家的礼仪和习俗的能力等。

服务过程实施方面要具有国际化的视野，使得部分旅游服务的标准能和国际标准接轨。一方面，强调旅游服务的精细化。例如，在火车站、飞机场、港口等旅游者集散中心设立游客信息中心（tourist information center），免费提供当地的旅游宣传册、地图和旅游专线的票务服务、互联网查询服务和人工咨询服务，使旅游者体验到亲切感和满足感。另一方面，强调旅游服务的“智慧化”。在城市智慧化的基础上进一步加强景区（点）、旅游交通等方面服务的智能化程度，使得游客在旅游的过程中能够更加方便、快捷地享受服务。此外，强调更多地关注旅游者中的特殊群体。例如，对于残障人士、老年人、婴幼儿等特殊群体要提供相应的特殊服务，提高这类旅游者群体的城市旅游满意度。

建立健全完善的售后服务和服务监管机构。可以建立旅游行业单位诚信档案，实时监测并定期开展质量信息通报。推行从业资格认证及年度审评制度，提高旅游行业准入门槛，实施旅游服务质量的监督与管理。成立西安市消费者协会旅游消费分会，建立通畅的旅游消费反馈机制。

7.4.5 城市目的地管理提升

在国外，旅游目的地的管理职能往往是由目的地管理机构（DMO）来完成。其主要职能是领导和协调、规划和研究、产品开发、营销和促销、合作关系和团队建设以及社区关系协调等。DMO 的领导和协调职能具体包括制定战略规划和商业计划，为利益相关者制作营销和商业计划书并提供年度报告，持续地记录和报告目的地管理组织（DMO）的效率等（Gretzel，2008）。在国内，城市旅游目的地管理职能主要由各级城市的旅游局或者旅游管理委员会来承担，但是由于自身管理权限和职责范围的关系，往往不能很好地发挥其作用，特别是对涉及城市旅游的众多利益相关者的利益协调方面。

积极构建实施总体管理、行政管理与行业自律相结合的“三方分立、三体分管、三责分担”的管理模式[①]。可以成立“西安市旅游发展委员会”，作为负责全市旅游发展、统筹协调、产业促进的政府职能部门，行使规划、决策、营销、监管等重要旅游行政管理职能。在景区管理方面以产权改革为核心，推进旅游景区事业单位所有权与经营权分离，组建专业化的旅游景区管理公司，推动旅游企业化改制，实施委托经营方式提升旅游景区的管理水平。可以通过鼓励优势旅游大型企业优化整合资源，走集团化发展道路来加强和提升目的地管理水平。行业自律方面可成立由旅游行政管理部门、旅游企业、旅游研究学者、本地居民代表等构成的“西安旅游行业联合会”，对旅游业进行行业自律教育、监督与管理。

① 陕西师范大学旅游规划设计院，西安市旅游局. 西安市旅游发展总体规划（修编），2011.9.

参考文献

巴顿, 1984. 城市经济学[M]. 北京：商务印书馆.

白凯, 2011. 西安入境旅游品牌意象特征研究[J]. 人文地理, 6(3): 135-141.

保继刚，楚义方, 1999. 旅游地理学[M]. 北京：高等教育出版社.

保继刚，甘萌雨, 2004a. 改革开放以来中国城市旅游目的地地位变化及因素分析[J]. 地理科学, 24(3): 365-370.

保继刚，郑海燕, 2004b. 苏州城市旅游地生命周期的系统动态研究[J]. 规划师, 20(11): 12-16.

保继刚，郑海燕，戴光全, 2002. 桂林国内客源市场的空间结构演变[J]. 地理学报, 57(1): 96-106.

卞显红，沙润, 2007a. 长江三角洲城市旅游空间相互作用研究[J]. 地域研究与开发, 26(4): 62-67.

卞显红，沙润，杜长海, 2007b. 长江三角洲城市入境旅游流区域内流动份额分析[J]. 人文地理, 22(2): 32-38.

卞显红，王苏洁, 2005. 推动长江三角洲城市旅游产品一体化[J]. 商业时代, 32: 66-67.

车裕斌，黄晚意，2003. 区域旅游系统吸引力预测研究——以鄂东南地区旅游系统为例[J]. 世界地理研究，12(4): 58-64.

陈传康，刘振礼, 1990. 旅游资源鉴赏[M]. 南京：江苏人民出版社.

陈德广, 2007. 旅游驱动力研究——基于开封市城市居民出游行为的微观分析[D]. 开封：河南大学博士学位论文.

陈建昌，保继刚, 1988. 旅游者的行为研究及其实践意义[J]. 地理研究, 7(3): 44-51.

陈晓红，赵振斌, 2011. 入境旅游者购物满意度的影响因素研究——以西安市入境旅游者为例[J]. 资源开发与市场, 27(5): 478-480.

程金龙，吴国清, 2004. 旅游形象研究理论进展与前瞻[J]. 地理与地理信息科学, 20(2): 73-77.

崔晓文, 2009. 旅游经济学[M]. 北京：清华大学出版社.

戴学珍，蒙吉军, 2000. 京津空间一体化研究[J]. 经济地理, 20 (6): 56-60.

党亚茹，陈韦宏, 2011. 基于中国优秀旅游城市的航空客运网络分析[J]. 旅游学刊, 26(2): 13-19.

邓明艳, 2000. 成都国际旅游市场旅游流特征的分析[J]. 经济地理, 20 (6): 115-117, 124.

董亚娟, 2009. 历史文化型城市旅游系统优化的实证研究[J]. 长安大学学报(社科版), 11(3): 36-39.

方法林, 2010. 旅游企业财务基础知识[M]. 西安：西安交通大学出版社.

高佩佩，吴晋峰，辛亚平，等, 2010. 中国旅游饭店供需系统的耦合协调度研究[J]. 旅游论坛, (4): 423-426.

郭峰，吴晋峰，王鑫，等, 2011. 基于 SNA 的西安入境旅游市场“倒二八”结构研究[J]. 人文地理, 26(5): 127-131.

何佳梅，张善芹, 2007. 我国出境旅游供应链建设研究[J]. 人文地理, 22(2): 39-42.

洪璧, 2009. 城市经济社会发展水平的因子分析[J]. 现代经济信息, 20: 4-5.

黄小军，甘筱青, 2006. 旅游服务供应链管理初探[J]. 商业时代, (25): 91-93.

黄震方，袁林旺，俞肇元，等，2008. 生态旅游区旅游流的时空演变与特征——以盐城麋鹿生态旅游区为例[J]. 地理研究, 27(1): 55-64.

李本振，明庆忠，李庆雷，等，2009. 第三方评价机制与旅游循环经济发展的良性耦合——旅游发展监督机制的新视角、新形势[J]. 北京第二外国语学院学报, (9): 33-40.

李东和，张捷, 2009. 国内旅游现象空间分异研究进展与展望[J]. 人文地理, 24(5): 96-100.

李力行, 2010. 中国的城市化水平：现状、挑战和应对[J]. 浙江社会科学, 12: 27-34, 42.

李万立，燕浩，鹏李平，2007. 关于旅游供应链研究中几个问题的思考——兼与路科同志商榷[J]. 旅游学刊，22(9): 92-96.

李晓燕, 2010. 国际贸易理论与实务[M]. 北京：清华大学出版社.

李瑛, 2008. 旅游目的地游客满意度及影响因子分析——以西安地区国内市场为例[J]. 旅游学刊. 23(4): 43-48.

厉以宁, 2000. 西方经济学[M]. 北京：高等教育出版社.

林南枝，陶汉军, 2001. 旅游经济学[M]. 天津：南开大学出版社.

林奇，凯文, 2001. 城市形态[M]. 林庆怡，等，译. 北京：华夏出版社.

刘昌雪, 2005. 世界遗产地旅游推力-引力因素研究——以西递和宏村为例[J]. 旅游学刊, 20(5): 15-20.

刘纯, 2004. 旅游心理学[M]. 北京: 高等教育出版社.
刘法建, 张捷, 陈冬冬, 2010. 中国入境旅游流网络结构特征及动因研究[J]. 地理学报, 65(8): 1013-1024.
刘宏盈, 2009. 中国长三角旅游流西向梯度扩散研究[D]. 西安: 陕西师范大学博士学位论文.
刘宏盈, 马耀峰, 2008. 入境旅游流空间转移与省域旅游经济联系强度耦合分析——以上海入境旅游流西向扩散为例[J]. 资源科学, 30(8): 1162-1167.
刘玲, 2008. 旅游环境评价[M]. 上海: 上海人民出版社.
刘耀彬, 李仁东, 宋学锋, 2005. 中国城市化与生态环境耦合度分析[J]. 自然资源学报, 20(1): 105-112.
陆林, 2002. 海滨型与山岳型旅游地客流季节性比较——以三亚、北海、普陀山、黄山、九华山为例[J]. 地理学报, 57(6): 731-740.
陆林, 葛敬炳, 2006. 旅游城市化研究进展及启示[J]. 地理研究. 25(4): 741-750.
陆玉麒, 1998. 区域发展中的空间结构研究[M]. 南京: 南京师范大学出版社.
路科, 2006. 旅游业供应链新模式初探[J]. 旅游学刊, 21(3): 30-33.
罗明义, 2005. 旅游经济学: 分析方法·案例[M]. 天津: 南开大学出版社.
吕兴洋, 徐虹, 殷敏, 2010. 基于渠道权力理论的旅游供应链企业关系博弈分析[J]. 旅游学刊, 25(12): 23-27.
马丽娟, 2011. 基于游客对青海省体育赛事旅游环境感知评价研究[D].西安:西北师范大学硕士学位论文.
马士华, 2000. 供应链管理[M]. 北京: 机械工业出版社.
马晓龙, 2008. 中国主要城市旅游效率及其全要素生产率评价: 1995～2005[D]. 广州: 中山大学博士学位论文.
马耀峰, 2010. 旅游资源开发与管理[M]. 北京: 高等教育出版社.
马耀峰, 李天顺, 刘新平, 2001. 旅华游客流动模式系统研究[M]. 北京: 高等教育出版社.
马耀峰, 李天顺, 刘新平, 2008. 旅游者行为[M]. 北京: 科学出版社.
孟凡荣, 刘继生, 2003. CI 战略与长春城市旅游形象塑造[J]. 人文地理, 18(2): 60-64.
牛亚菲, 谢丽波, 刘春凤, 2005. 北京市旅游客流时空分布特征与调控对策[J]. 地理研究, 24(2): 283-292.
欧阳润平, 胡晓琴, 2007. 国内外旅游需求研究综述[J]. 南京财经大学学报, (3): 80-83.
潘建民, 2004. 中国创建与发展优秀旅游城市研究[M]. 北京: 中国旅游出版社.
彭希, 2008. 基于 NMNL 模型的旅游者目的地选择影响因素研究[D]. 长沙: 中南大学硕士学位论文.
沈振烨, 2007. 基于推拉理论的旅游目的地形象研究[D]. 杭州: 浙江大学硕士学位论文.
生延超, 钟志平, 2009. 旅游产业与区域经济的耦合协调度研究——以湖南省为例[J]. 旅游学刊, 24(8): 23-29.
宋海岩, 吴凯, 李仲广, 2010. 旅游经济学[M]. 北京: 中国人民大学出版社.
唐顺铁, 郭来喜, 1998. 旅游流体系研究[J]. 旅游学刊, 13(3): 38-41.
滕霞何, 何忠诚, 2006. 浅谈“推-拉”理论在旅游动机研究中的应用[J]. 辽宁师范大学学报, 10(1): 1-2.
汪宇明, 2008. 上海与长江流域各省区间的旅游互动[J]. 地理学报, 63(6): 657-668.
王大悟, 魏小安, 1998. 新编旅游经济学[M]. 上海: 上海人民出版社.
王恩旭, 武春友, 2009. 关于灰色关联分析的游客满意度研究[J]. 商业研究, 2: 133-135.
王金莲, 汪德根, 刘昌雪, 2010. 入境游客对我国非物质文化遗产的满意度及其度量模型研究——以苏州昆曲为例[J]. 人文地理, 5(6): 104-109.
王琦, 2008. 城市生态旅游环境质量研究——以厦门生态旅游环境评价为例[D]. 福州: 福建师范大学硕士学位论文.
王湘, 2001. 论旅游地的旅游环境质量评价[J]. 北京联合大学学报,15(2):35-38.
吴必虎, 1994. 上海市游憩者流动行为研究[J]. 地理学报, 49(2): 117-127.
吴必虎, 1998. 旅游系统: 对旅游活动与旅游科学的一种解释[J]. 旅游学刊, 13(1):21-25.
吴必虎, 2002. 区域旅游规划原理[M]. 北京: 中国旅游出版社.
吴晋峰, 包浩生, 2005. 旅游流距离衰减现象演绎研究[J]. 人文地理, 20(2): 62-65.
吴人韦, 1999. 旅游系统的结构与功能[J]. 城市规划汇刊, (6): 19-21, 39.
肖光明, 2008. 珠江三角洲九城市旅游空间相互作用分析[J]. 地理与地理信息科学, 24(5): 108-112.
谢彦君, 2004. 基础旅游学[M]. 第二版. 北京: 中国旅游出版社.
徐红罡, 龙江智, 2005a. 城市旅游地生命周期的模式研究[J]. 城市规划学刊, (2): 70-74.
徐红罡, 郑海燕, 保继刚, 2005b. 城市旅游地生命周期的系统动态模型[J]. 人文地理, 20(5): 66-69.
徐虹, 周晓丽, 2009. 旅游目的地供应链概念模型的构建[J]. 旅游科学, 23(5): 15-20.

徐学强, 周一星, 宁越敏, 2003. 城市地理学[M]. 北京: 高等教育出版社.
许光清, 2006. 城市可持续发展理论研究综述[J]. 教学与研究, (7): 87-92.
薛莹, 2006. 旅游流在区域内聚: 从自组织到组织——区域旅游研究的一个理论框架[J]. 旅游学刊, 21(4): 47-54.
闫卫阳, 王发曾, 秦耀辰, 2009. 城市空间相互作用理论模型的演进与机理[J]. 地理科学进展, 28(4): 511-518.
杨春梅, 王维, 2010. 基于熵理论的城市旅游地生命周期研究[J]. 江苏商论, (10): 92-94.
杨春宇, 黄震方, 毛卫东, 等, 2007. 旅游地系统演化机制研究——基于两个系统的耦合分析[J]. 云南师范大学学报, 39(2): 135-140.
杨文华, 2010. 城市旅游产品体系构建——以重庆市为例[J]. 特区经济, 10: 150-152.
杨新军, 刘军民, 2001. 城市旅游开发中的产品类型与空间格局[J]. 西北大学学报(自然科学版), 31(2): 176-184.
杨兴柱, 顾朝林, 王群, 2011. 旅游流驱动力系统分析[J]. 地理研究, 30(1): 23-36.
姚沛, 刘喜波, 张茜, 2011. 基于双对数线性模型的北京入境旅游需求影响因素分析[J]. 数学的实践与认识, 41(11): 15-23.
殷高峰, 2011. 西安旅游业与国际化大都市建设相促互动[N]. 城市经济导报[2011-11-30].
尹贻梅, 鲁明勇, 2009. 旅游业与创意产业耦合发展研究——以张家界为例[J]. 旅游学刊, 24 (3): 42-48.
于会霞, 2010. 新兴旅游目的地成长驱动因素及其成长模式研究[D]. 大连: 东北财经大学硕士学位论文.
袁宇杰, 2005. 旅游流的研究及旅游“双流”系统的构建[J]. 旅游科学, 19(1): 6-11.
约翰斯顿. 2004. 人文地理学词典[M]. 柴彦威, 等, 译. 北京: 商务印书馆.
曾菊新, 1996. 空间经济: 系统与结构[M]. 武汉: 武汉出版社.
张敦富, 2005. 城市经济学原理[M]. 北京: 中国轻工业出版社.
张凤玲, 岑磊, 2010. 旅游供应链可靠性评价模型分析[J]. 商业时代, 20: 117-132.
张红, 2000. 我国旅游热点城市境外游客旅游流空间分布特征分析[J]. 人文地理, 15(2): 56-57.
张宏磊, 张捷, 史春云, 等, 2011. 感知距离与游客满意度影响关系研究[J]. 人文地理, 6(5): 117-120.
张宏梅, 陆林, 2005. 近 10 年国外旅游动机研究综述[J]. 地域研究与发, 24(2): 61-84.
张辉, 2002. 旅游经济论[M]. 北京: 旅游教育出版社.
张捷, 都金康, 周寅康, 等, 1999. 观光旅游地客流时间分布特性的比较研究——以九寨沟、黄山及福建永安桃源洞鳞隐石林国家风景名胜区为例[J]. 地理科学, 19(1): 49-54.
张凌云, 1988. 旅游流空间分布模型: 普洛格理论在定量研究中的推广[J]. 地域研究与开发, 7(3): 41-42.
张佑印, 2010. 北京入境集聚扩散旅游流时空演变规律及动力机制研究[D]. 西安: 陕西师范大学博士学位论文.
章锦河, 张捷, 李娜, 等, 2005. 中国国内旅游流空间场效应分析[J]. 地理研究, 24(3): 293-303.
赵现红, 2009. 中国典型区域入境旅游流空间扩散驱动机制研究[D]. 西安: 陕西师范大学博士学位论文.
郑明贵, 黄学良, 2007. 地区科学技术发展能力的评价指标体系[J]. 统计与决策, (6): 62-63.
郑鹏, 2011. 中国入境旅游流驱动力研究[D]. 西安: 陕西师范大学博士学位论文.
中国大百科全书总编辑委员会, 1984. 中国大百科全书(地理学,人文地理学)[M].北京: 中国大百科全书出版社.
中国旅游统计年鉴编委会, 2001～2015. 中国旅游统计年鉴[M]. 北京: 中国统计出版社.
钟士恩, 张捷, 韩国圣, 等, 2010. 旅游流空间模式基本理论: 问题分析及其展望[J]. 人文地理, 20(2): 31-36.
ASHWORTH G J, GRONINGEN R U, 1991. Tourism and Urban Development: Towards a Theory of Urban Tourism, and Its Application to the Case of Venice, Italy: by Jan van den Borg Tinbergen Institute Research Series 2[M]. Amsterdam: Thesis Publishers.
BUHALIS D, LAWS E, 2001. Tourism distribution channels: Practices, issues and transformations[M]. London: Continuum International Publishing Group.
BULL A, 1995. The Economics of Travel and Tourism[M]. 2nd Edition. Melbourne: Addison Wesley Longman Australia Pty Ltd.
BUTLER R W, 1980. The concept of a tourist area cycle of evolution: implications for management of resources[J]. Canadian Geographer, 24(1): 5-12.
BUTLER R W, 2006. The Tourism Area Life Cycle [M]. Bristol: Channel View Publications.
CHANG T C, 1999. Local uniqueness in the global village: heritage tourism in Singapore[J]. Professional Geographer, 51(1): 91-103.

CHEWGING L, 2010. The dynamic interactions between hotel room rates and international inbound tourists: evidence from Singapore[J]. International Journal of Hospitality Management, 29(4): 758-760.

CHIESURA A, 2004. The role of urban parks for the sustainable city[J]. Landscape and Urban Planning, 68(1): 129-138.

CHRISTINE A W, WITT S F, WILSON N, 1994. Forecasting international tourist flows Original Research Article [J]. Annals of Tourism Research, 21(3): 612-628.

COOPER C P, JACKSON S, 1989. Destination life cycle: the isle of man case study[J]. Annals of Tourism Research, 16(3): 377-398.

CROMPTON J L, 1979. Motivations for pleasure vacation[J]. Annals of Tourism Research, 6(4): 408-424.

DANN G M S, 1977. Anomie, ego-enhancement and tourism[J]. Annals of Tourism Research, 4(4): 184-194.

DANN G M S, 1981. Tourism motivation: an appraisal[J]. Annals of Tourism Research, 8(2): 187-219.

EDWARDS D, GRIFFIN T, HAYLLAR B, 2008. Urban tourism research: developing an agenda[J]. Annals of Tourism Research, 35(4): 1032-1052.

ENRIGHT M J, NEWTON J, 2004. Tourism destination competitiveness: a quantitative approach[J]. Tourism Management, 25(6): 777-788.

FAULKNER B, RUSSELL R, 2000. Tourism in the 21st century: lessons form experience[M]. London: Continuum.

GAL Y, GAL A, HADAS E, 2010. Coupling tourism development and agricultural processes in a dynamic environment[J]. Current Issues in Tourism, 13(3): 279-295.

GETZ D, 1986. Models in Tourism Planning[J]. Tourism Management, 7(2): 2 l-32.

GETZ D, 1992. Tourism planning and destination life cycle[J]. Annals of Tourism Research, 19(3): 752-768.

GOOSSENS C, 2000. Tourism information and pleasure motivation[J]. Annals of Tourism Research, 27 (2): 301-321.

GRABLER K, 1998. International city tourism: analysis and strategy[M]. London: Printer.

GRETZEL U, 2008. Managing destination marketing organizations: the tasks, roles, and responsibilities of the convention and visitors bureau executive [J]. Annals of Tourism Research, 35(4): 1092-1093.

GUNN C A, VAR T, 2002. Tourism Planning: Basics Concepts Cases[M]. New York: Routledge.

HAYWOOD K M, 1986. Can the tourist area life cycle be made operational[J]. Tourism Management, 7(3): 154-167.

HOLLOWAY J C, ROBINSON C, 1995. Marketing for tourism[M]. Singapore: Longman.

HOVINEN G R, 1995. Heritage issues in urban tourism, an assessment of new trends in Lancaster country[J]. Tourism Management, 16(5): 381-388.

HOVINEN G R, 2002. Revisiting the destination lifecycle model[J]. Annals of Tourism Research, 23(2): 209-230.

ISO-AHOLA S E, 1989. Motivation for leisure. In E. L. Jackson & T. L. Burton (Eds.), Understanding leisure and recreation: Mapping the past charting the future[M]. State College: R. A. Venture Publishing: 247-279.

JOHNSON D, 2000. Sales and Marketing in the Tourism Industry [M]. Sydney: McGraw-Hill.

JOHNSTON M E, 1997. Polar tourism regulation strategies: controlling visitors through codes of conduct and legislation [J]. Polar Record, 33(184):13-20.

JUDD D R, 1995. Promoting tourism in US cities[J]. Tourism Management, 16(3): 175-187.

KAUKAL M, HOPKEN W, WERTHNER H, 2000. An approach to enable interoperability in electronic tourism markets[C]. Vienna: The 8th European Conference on Information System.

KIM J H, MOOSA I A, 2005. Forecasting international tourist flows to Australia: a comparison between the direct and indirect methods[J]. Tourism Management, 26(1): 69-78.

KIM S S, AGRUSA J, LEE H, et al, 2007. Effects of Korean television dramas on the flow of Japanese tourists[J]. Tourism Management, 28(5): 1340-135.

KIM S S, LEE C K, KLENOSKY D B, 2003. The influence of push and pull factors at Korean national parks[J]. Tourism Management, 24 (2): 169-180.

KLENOSKY D B, 2002. The “pull” of tourism destinations: a means-end investigation[J]. Journal of Travel Research, 40(4): 396-403.

KULENDRAN N, KING M L, 1997. Forecasting international quarterly tourist flows using error-correction and time-series models[J]. International Journal of Forecasting, 13(3): 319-327.

LAW C M, 2000. Regenerating the city center through leisure and tourism[J]. Built Environment, 26: 117-129.

LEIPER N, 1979. The framework of tourism: towards definitions of tourism, tourists and the tourism industry[J]. Annals of Tourism Research, 6(4): 390-407.

LILLY W M, LILLY W L, 1991. Low impact tourism: coupling natural/cultural resource conservation, economic development, and the tourism industry [Z]. In Ecotourism and Resource Conservation, A Collection of Papers, (1): 89-89.

LIMBURG B V, 1998. City marketing: a multi-attribute approach[J]. Tourism Management, 19(5): 475-477.

LITIVIN S W, 2005. Streetscape improvements in a historic tourist city a second visit to King Street, Charleston, South Carolina[J]. Tourism Management, 26(3): 421-429.

LUNDGREN J O, 1982. The tourism frontier of Nouveau Quebec: functions and regional linkages[J]. Tourism Review, 37(2): 10-16.

MANSFELD Y, 1990. Spatial patterns of international tourist flows: towards a theoretical framework[J]. Progress in Human Geography, 14(3): 372-390.

MATHIESON A, Wall G, 1982. Tourism: Economic, Social and Physical Impacts[M]. London: Longman.

MCKERCHER B, 2004. Attributes of popular cultural attractions in Hong Kong[J]. Annals of Tourism Research , 31(2): 393-407.

MILL R C, MORRISON A M, 1985. The Tourism System: An Introductory Text [M]. New Jersey, Englewood Cliffs :Prentice-Hall Inc.

MITSUTAKE M, 1998. Japanese tourists in transition countries of Central Europe: present behavior and future trends[J]. Tourism Management, 19(5): 433-443.

MONTANARI A, MUSCARA C, 1995. Evaluating tourist flows in historic cities: the case of Venice[J]. Tijdschrift Voor Economische En Sociable Geografie, 86(1): 80-87.

MORGAN M, 1996. Marketing for Leisure and Tourism[M]. London: Prentice-Hall.

MULLINS P, 1991. Tourism urbanization[J]. International Journal of Urban and Regional Research, 15(3): 326-342.

MURPHY P E, 1997. Quality Management in Urban Tourism [M]. John Wiley: Chichester.

OPPERMANN M, 1992. Intranational tourist flows in Malaysia[J]. Annals of Tourism , 19(3): 482-500.

PAGE S, 1995. Urban Tourism [M]. London: Routledge.

PAGE S J, 1993. Urban tourism in New Zealand: the National Museum of New Zealand project[J]. Tourism Management, 14(2): 11-17.

PAGE S J, 2003. Tourism Management: Managing for Change [M] . Oxford: Butterworth-Heinemann.

PAPAGEORGIOU G C, 2008. The human dimension of tourism supply-side perspectives[J]. Annals of Tourism Research, 35(1): 211-232.

PEARCE D G, 1990. Tourism Today: A Geographical Analyst [M]. London: Longman.

PEARCE D G, TAN R, 2004. Distribution channels for heritage and cultural tourism in New Zealand[J]. Asia Pacific Journal of Tourism Research, 9(3): 225-237.

PEARCE D, 1989. Tourism Development[M]. London: Longman.

PEARCE D, 1995a. Japanese tourists in Europe[J]. Geographical Review of Japan, 68(1): 63-74.

PEARCE D, 1995b. Tourist Development: A Geographical Analysis [M]. London: Longman.

PEARCE D, 1997. Competitive destination analysis in Southeast Asia[J]. Journal of Travel Research, 35(4): 16-24.

PEARCE D, 2007. Capital city tourism: perspectives from Wellington[J]. Journal of Travel and Tourism Marketing, 22(3): 7-20.

PIKE S, 2009. Destination brand positions of a competitive set of near-home destinations[J]. Tourism Management, 30(6): 857-866.

PINE B J Ⅱ, GILMORE J H, 1999. The Experience Economy[M]. New York: Harvard Business School Press.

PLOG S C, 1974. Why destination areas rise and fall in popularity[J]. The Cornell Hotel and Restaurant Administration Quarterly, 14: 55-58.

PRIDEAUX B, 2005. Factors affecting bilateral tourism flows [J]. Annals of Tourism Research, 32(3): 780-801.

PRIDEAUX B, KIM S, 1999. Bilateral tourism imbalance: is there a cause for concern: the case of Australia and Korea [J]. Tourism Management, 20(4):523-531.

RITCHIE J R, CROUCH G I, 2000. The competitive destination: a sustainability perspective [J]. Tourism Management, 21(1): 1-7.

SARANIEMI S, KYLÄNEN M, 2011. Problematizing the concept of tourism destination: an analysis of different theoretical approaches [J]. Journal of Travel Research, 49(2): 133-143.

SCHLÜTER R G, 1991. Latin American tourism supply: facing the extra-regional market [J]. Tourism Management, 12(3): 221-228.

SCHRAMM W L, ROBERTS D F, 1971. The Process and Effect of Mass Communication [M]. Urbana: University of Illinois Press.

SESSA A, 1988. The science of systems for tourism development[J]. Annals of Tourism Research, 15(2): 219-235.

SIGALA M, 2008. A supply chain management approach for investigating the role of tour operators on sustainable tourism: the case of TUI[J]. Journal of Cleaner Production, 16(15): 1589-1599.

SINCLAIR M T, STABLER M, 1997. The Economics of Tourism [M]. London: Routledge.

SMITH S L J, 1988. Defining tourism a supply-side view[J]. Annals of Tourism Research, 15(2): 179-190.

SMITH S L J, 1990. Tourism Analysis: A Handbook[M]. New York: Wiley.

SONG H, WITT S F, 2006. Forecasting international tourist flows to Macau [J]. Tourism Management, 27(2): 214-224.

STEWART S I, VOGT C A, 1997. Multi-destination trip patterns [J]. Annals of Tourism Research, 37(4): 485-461.

TOH R S, KHAN H, AIJIN K, 2001. A travel balance approach for examining tourism area life cycle: the case of Singapore [J]. Journal of Travel Research, 39(4):426-432.

WITT S, SONG H, 2001. Forecasting future tourism flows [J]. Tourism and Hospitality in the 21st Century, 8: 106-118.

XIAO H, 1997. Tourism and leisure in China : a tale of two cities[J]. Annals of Tourism Research, 24(2): 357-370.

YEOH B S, CHANG T C, 2001. Globalising Singapore: debating transnational flows in the city [J]. Urban Studies, 38(7): 1025-1044.

ZHANG J, JENSEN C, 2007. Comparative advantage: explaining tourism flows [J], Annals of Tourism Research, 34(1):223-243.

ZHANG X, SONG H, HUANG G Q, 2009. Tourism supply chain management: a new research agenda [J]. Tourism Management, 30(3): 345-358.

附　录

调查问卷（英文版）

Survey of Foreign Visitors to Xi’an

Dear Madam/Sir: In order to improve the quality of travel service in Xi’an，we conduct this survey entrusted by National Natural Science Foundation of China. We promise that your information will be used only for the research and will be strictly confidential.

In the following table，some statements about Xi’an are shown. Please，rate your level of agreement-disagreement taking into account that: 1-High disagreement; 2-Disagreement; 3-Nor agreement or nor disagreement; 4-Agreement; 5-High agreement.

Please, rate your level of agreement-disagreement	**1**	**2**	**3**	**4**	**5**
The quality of the air is high	□	□	□	□	□
The availability of accommodation is good	□	□	□	□	□
There are interesting places to visit	□	□	□	□	□
It is a quiet place	□	□	□	□	□
The urbanization is good	□	□	□	□	□
It is crowded	□	□	□	□	□
There is a good availability of open air activities	□	□	□	□	□
There are high quality restaurants	□	□	□	□	□
It has an easy access	□	□	□	□	□
There are suitable shopping facilities	□	□	□	□	□
There are good sport facilities	□	□	□	□	□
There is high quality accommodation	□	□	□	□	□
Night life/entertainment is good	□	□	□	□	□
Tourists can enjoy fairs, festivals and exhibitions	□	□	□	□	□
It has quality services	□	□	□	□	□
Tourists can do different activities	□	□	□	□	□
Public security is good	□	□	□	□	□
Recreational facilities is good	□	□	□	□	□
The cleanliness and hygiene is good	□	□	□	□	□
The local transport is good	□	□	□	□	□

Please, rate your level of agreement-disagreement	1	2	3	4	5
It offers a good value for money	□	□	□	□	□
The gastronomy is good	□	□	□	□	□
There are many historic sites/museums	□	□	□	□	□
Their inhabitants are friendly	□	□	□	□	□
The climate is pleasant	□	□	□	□	□
It has attractive natural attractions and scenery	□	□	□	□	□
There is a relaxed atmosphere	□	□	□	□	□
There are different ethics and moralities	□	□	□	□	□
Distance is suitable	□	□	□	□	□
A good social environment	□	□	□	□	□
Plenty of landscape	□	□	□	□	□
A good natural environment	□	□	□	□	□
Cultural attractions have quite appeal	□	□	□	□	□
Telecommunication is well-developed	□	□	□	□	□
Tourism consulting system is well-developed	□	□	□	□	□

Rate the level of the following factors which influence your travel to Xi'an	1	2	3	4	5
Do different things	□	□	□	□	□
Stimulate emotion and sensations	□	□	□	□	□
Find interesting people	□	□	□	□	□
Know new places	□	□	□	□	□
Be a adventurer	□	□	□	□	□
Play for fun	□	□	□	□	□
Increase knowledge	□	□	□	□	□
Know different cultures and lifestyles	□	□	□	□	□
Enriching myself intellectually	□	□	□	□	□
Relieving stress	□	□	□	□	□
Escape from the routine	□	□	□	□	□
Relaxing physically	□	□	□	□	□
Developing close friendships	□	□	□	□	□
Going places my friends have not been	□	□	□	□	□
Talking with my friends about the trip	□	□	□	□	□

How much do you know about Xi'an before you come?

□Know nothing　□Just know a little　□Know　□Know a lot

Would you want to Xi'an tour?

□Definitely no　□Probably no　□Indifferent　□Probably yes　□Definitely yes

Would you return to Xi'an?

□Definitely no　□Probably no　□Indifferent　□Probably yes　□Definitely yes

Would you recommend Xi'an to someone?

□Definitely no　□Probably no　□Indifferent　□Probably yes　□Definitely yes

How would you describe the image that you have of Xi'an?

□Highly unfavourable　□Unfavourable　□Indifferent

□Favourable □Highly favourable

Which one or ones should be the destination image of Xi'an?(you can choose one or more)

□An ancient capital □A city of natural beauty □Oriental cultural ancient capital

□World of ancient capital □A ecological city □A experiences city □A leisure city

Would you use one or more words to describe the destination image of Xi'an:

____

What is your first thought about Xi'an? (you can choose one or more)

□Terra Cotta Warriors and Horses □Delicious food □High-Technology □University □Qinling Mountain □City Wall □Yimou Zhang □Big Wild Goose Pagoda □Bell Tower □Xi'an Incident □Aerospace City □Huaqing Hot Spring □Silk Road □Tang Monk □Emperor Qin Shihuang □Qin Opera □Emperors tomb □World Horticultural Exposition □Europe and Asia Forum □Xi'an beauty □Minority

During your tour in xi'an, which are your favorite? (you can choose three items at the most)

□Landscape of mountain and river □Leisure and entertainment □Ancient site and ancient relics □Folk custom and folkway □Degust delicious food □Art of culture □Sightseeing of city □Rural recreational tourism □Recuperation and vacation □Festival activities □Hot spring---Health preserving □Pay respect to religion □Cultural experience □Ecological sightseeing □Community tourism

Do you satisfied with Xi'an?

□Extremely dissatisfied □Not satisfied □Moderate □Somewhat satisfied □Very satisfied

Which products are you interested in Xi'an? (you can choose one or more)

□Craft souvenirs □Traditional Chinese medicine or health products □Clothing Accessories □Food □Others________

Which tourism activities in Xi'an do you like to participate in? (you can choose one or more)

□Modern entertainments □Sports □Adventures □Folk and Culture □Others

Which are your travel motivations? (you can choose one or more)

□Sightseeing □On business □On a holiday □Cultural communication □Pilgrimage □Visiting friends and relatives □Open mind □Others

How do you get the tourism information? (you can choose one or more)

□The internet □Newspaper □Television and Broadcasting

□The introduction of relatives and friends □The travel agency □Others

How many days do you plan to stay in Xi'an?

□Less than a day □1~2 days □3~4 days □5~7 days □7 days over

What is your traffic tools?

□Airplane □Train □Coach □Taxi □Others

Your travel route in China is: 1st stop ______, 2nd stop ______ , 3rd stop ______ , 4th stop ______ , 5th stop ______ , 6th stop______, and ________, ______

A. Beijing B. Xi'an C. Shanghai D. Canton（Guangzhou） E. Guilin F. Hangzhou G. Shenzhen H. Kunming I. Chengdu J. Nanjing K. others__________

How many times have you visited Xi'an?

□Only once □Twice □More than three times

Who accompany you during your visit in Xi'an?

□Individual　□Group　□Family or friends　□Others

Which is your travel budget for this visit to Xi'an?

□Less than $500　□$501~$1000　□$1001~$2000

□$2001~$3000　□More than $3001

Gender: □Male　□Female　**Nationality:** ______________

Occupation:

□Legislators and managers　□Professionals　□Technicians and assistant　□Clerks
□Service workers and shop/market sales　□Agricultural, husbandry, forest and fishing workers
□Production, plant/machine operator and labors　□Housewife　□Students
□Retired　□Tourism professionals

Income（US$/per year）:

□Under 20, 000　□20, 001~40, 000　□40, 001~60, 000　□60, 001~80, 000　□Over 80, 000

Education:

□High school diploma or below　□College diploma or bachelor's degree

□Master's degree　□Doctor's degree

Age:

□Under 14　□15~24　□25~44　□45~64　□65 and over

Your comments or suggestions for Xi'an's tourism are highly appreciated.

____

____

____